人人都能學會

退休

月領5萬

全圖解

《Smart 智富》真‧投資研究室 ◎著

CONTENT 目錄

Chapter
3

實戰演練
安享第二人生

備足退休金其實很簡單

靠山山倒，靠人人跑，你的退休金準備了多少？在這個已成為高齡化的社會，「自己的退休金自己準備」是所有人都必須要面對、逃避不了的課題。

然而，面對這個人生的必考題，多數人的準備顯然都不是這麼充分。從台灣人壽2019年最新的退休調查顯示，將近6成的人都自認退休金準備相當不足，其中又以20、30世代的年輕人對於退休準備最沒信心。畢竟台灣已經不再是過去高度經濟成長的狀態，看著成長速度緩慢、甚至停滯的薪資，也無怪乎想到退休就容易充滿焦慮；極端一點的，甚至因為自認無力準備，就選擇逃避不面對。

但是，逃避只能是一時，焦慮亦無濟於事，早點認清現實、採取行動才是正道。許多人自認退休金準備不足，或許是因為收入不豐、或許是因為資產累積成效不佳，但更真實的狀況是，許多人連自己未來能從勞保、勞退領到多少退休金都不清楚，自然難以對於未來退休金準備做出正確的預估。

其實，幫自己準備退休金並不是想像中這麼困難的事，只要方法正確，能夠愈早準備，累積而來的「複利效果」就能發揮大效用，準備退休金的難度便也就大大降低。毋須大量本金、使用穩定報酬的投資工具就能夠有很好的效果。

到底要多早開始準備退休金呢？簡單一句話：「早準備、早輕鬆。」最好從剛出社會就開始為退休做規畫，這樣才能將複利效果發揮到極致。簡單試算，若從 25 歲開始每月投資 1 萬元，就算年化報酬率只有 5%，至 65 歲也可以存到將近 1,500 萬元的退休金，效果是不是出乎意料的驚人？

本書將從建立基本退休觀念、打破退休迷思切入，幫助你在面對退休規畫時有更明確的藍圖，包括如何建立起基本的保險網，讓你在面對老年生活時無後顧之憂；緊接著再分別介紹可作為退休準備使用的工具，因應國人餘命不斷延長，本書所介紹的工具，著重於可以持續創造現金流的工具，若能每年都持續產生收入，就算活得長壽，也不用擔心坐吃山空。

最後，則是從退休規畫的實際面著手，先從基本釐清勞保、勞退的退休金制度開始，讓你能夠清楚估算退休時，其能夠挹注多少現金流，再實戰剖析當面對不同程度的退休金準備缺口時，該如何準

備、因應。希望本書能夠帶給讀者啟發,特別是那些還不知退休準備該如何起步的讀者,能以本書作為他們退休規畫的起點,邁向不用為錢煩惱的第二人生。

《Smart 智富》真·投資研究室

Chapter 1

釐清觀念
及早做好準備

用退休金3支柱
建立安穩退休生活

你是否問過自己以下問題：須工作到幾歲才能退休？要準備多少錢才能退休？面對此類退休議題時，多會感到迷惘。

根據 2019 年國立政治大學與台灣人壽合作「台灣高齡社會退休生態觀察指標」調查，將近 5 成受訪者表示，不知道退休金從何而來，其中認為退休金準備充裕的受訪者竟不到 5%（詳見圖 1）；且根據該退休調查，年輕的 25 ～ 35 歲及 35 ～ 45 歲世代，都有超過 60% 受訪者認為退休金不足，對未來退休最沒信心（詳見圖 2）。

這也難怪，在如今高齡化、少子化且房價、物價高漲的年代，許多人認為微薄的薪水光供應日常支出就已捉襟見肘，哪有時間去想以後、去想未來退休的事呢？更有人認為，平常不是都有繳勞保、提撥勞退？退休後靠這些年金、退休金來支應生活即可，應該不用再自行儲蓄或進行投資吧？

圖1 **認為退休金準備充裕的受訪者不到5%**
——退休金準備是否充裕調查結果

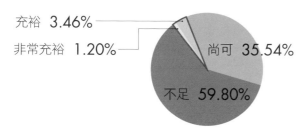

充裕　3.46%
非常充裕　1.20%
尚可 35.54%
不足 59.80%

註：調查對象為台灣地區25歲以上之民眾，考量退休及未退休北、中、南、東部族群，共回收有
　　效樣本數為1,418份
資料來源：台灣人壽

圖2 **35～45歲民眾約66%認為退休金準備不足**
——各年齡層退休金準備是否充裕調查結果

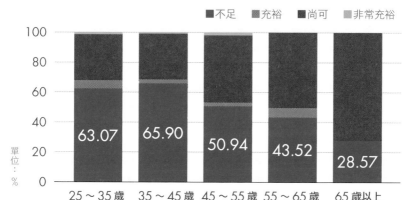

■不足　■充裕　■尚可　■非常充裕

25～35歲	63.07
35～45歲	65.90
45～55歲	50.94
55～65歲	43.52
65歲以上	28.57

單位：％

註：調查對象為台灣地區25歲以上之民眾，考量退休及未退休北、中、南、東部族
　　群，共回收有效樣本數為1,418份
資料來源：台灣人壽

退休金應著重個人理財儲蓄，累積被動收入

但是在人口高齡化及少子化的影響下，光靠政府退休年金恐怕遠遠不夠支應未來退休後的基本生活所需，更遑論高品質的退休生活。

那麼，該如何自提與進行退休金儲備呢？在進行退休金儲備時，一般會分成 3 項主要來源，分別為政府退休年金、企業退休金和個人理財儲蓄，三者又被稱為「退休金 3 支柱」。

過去在運用退休金 3 支柱時，就如同圖 3 左側，大部分的退休金來源為政府提供的退休年金，即為最基本的退休收入，如國民年金、公教人員保險、勞工保險及軍人保險等；再來，則是依靠雇主為員工所提撥的各式退休金，例如退撫基金或一般勞工所擁有的勞工退休金；最後，金額最少的一部分，才是個人理財儲蓄，即為自行儲蓄、投資所獲的個人收入。

隨著時空環境改變，過去運用 3 支柱的觀念，也必須有所調整，現在單靠政府保險所提供的年金，難以因應退休生活。而退休金的儲備，應該轉為像圖 3 右側一般，徹底顛覆過去的儲備概念，以「個人理財儲蓄」的占比最重、最為優先，依序才是企業提撥的退休金及政府所提供的退休年金。

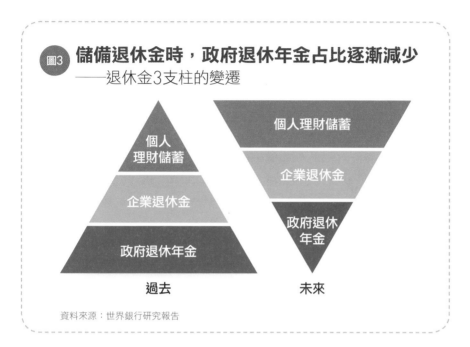

圖3 儲備退休金時，政府退休年金占比逐漸減少
——退休金3支柱的變遷

個人
理財儲蓄

企業退休金

政府退休年金

過去

個人理財儲蓄

企業退休金

政府退休
年金

未來

資料來源：世界銀行研究報告

　　因此，現在進行退休金儲備時，應多下工夫在打造個人理財儲蓄
的多項儲蓄與投資帳戶上，藉由打造被動收入（詳見名詞解釋）的
模式，以建立源源不絕、取之不盡的「退休資金池」，達成被動收

$ 名詞解釋

被動收入

被動收入指的是只需要花費一點時間和精力去維護，就能取得的收入，不需要太多「主動」
的勞心和勞務投入就能得到，與工作的薪資收入對比，種類包括股票股利、基金配息、出租
租金或版稅等，只要不須過度投入就能得到的收入，即可稱為被動收入。

入大於日常支出的安穩生活，過上不須為錢煩惱、富足且充實的退休人生。

自提勞退享有降低稅負與保本投資2大優勢

了解退休金 3 支柱的個別意義與大致上的不同處後，大家可能會有疑惑，政府退休年金、企業退休金、個人理財儲蓄，具體上又有什麼異同呢？

支柱 1》政府退休年金（勞保）

以台灣而言，第 1 部分是政府退休年金即勞工保險（勞保）中的老年給付。勞工保險顧名思義即為勞工的保險，其保障的範圍，包括傷害、殘廢、生育、死亡及老年 5 種給付，所以起碼年滿 60 歲（1962 年（含）以後出生的勞工，要年滿 65 歲才能請領）後，就可以請領勞保老年給付，但因為勞保屬於「共同帳戶」，意思是所有保戶共同擁有一個帳戶，當共同帳戶被領出金額（給付）比繳入金額（保費）還多時，將使勞保入不敷出、造成勞保虧損，一旦虧損程度過大，不斷累積到整體帳戶淨值轉為負值時，就可能導致勞保發生破產危機。

此外，勞保屬於確定給付制，意思是指一定會給付「一定」金額，

不受提撥金額與投資收益波動的影響，這樣的「保證給付」更加重了勞保基金的負擔。

支柱 2》企業退休金（勞退）

至於第 2 部分的企業退休金，就是台灣企業為員工所提撥的勞工退休金帳戶（勞退）。不同於勞保，新制勞退帳戶是個人獨立擁有，是個人在工作期間，每月提撥 0% ～ 6% 不等比率的薪水，再加上強制雇主每個月依照月薪金額提撥 6% 而成，兩者一起存進個人專戶中，也因為是個人所有，因此不會破產，最大風險在於帳戶投資的績效高低而已。

勞退屬於確定提撥制，意思為受僱人（勞工）於受僱期間，企業得定期提撥一定金額到退休金帳戶，退休金的金額大小，是由受僱人退休金專戶中提撥本金和累積收益決定，使得勞退在財務上不確定性較低，因此沒有破產風險。

其中，受僱者所提撥的勞退屬於非強制性質、為自願性提撥，在此也建議薪資較高者可考慮自主提撥勞退，能享有降低稅負與保本投資 2 大優勢。舉例來說，小明每月薪資為 5 萬元，若他進行 6%、每月 3,000 元的勞退帳戶自提，每年自提金額共 3 萬 6,000 元，這 3 萬 6,000 元可以免稅，在年薪 60 萬元、5% 所得稅率的情況

下，小明因自提勞工退休金，可省下 1,800 元（1,800 元＝ 3 萬 6,000 元 ×5%）的所得稅支出。

最棒的是，勞退帳戶的投資就算虧損也不用擔心，根據《勞工退休金條例》第 23 條：「領取勞退中的一次退休金，其運用收益不得低於當地銀行 2 年定期存款利率計算之收益，若有不足者，由國庫補足。」即有保證收益機制可以保本。至於，勞保和勞退兩者間更詳細的內容及比較，則可參考表 1。

支柱 3》個人理財儲蓄

至於第 3 部分則為現在占比最重要的個人理財儲蓄，是個人透過存錢、投資等財富自籌手段所進行的退休金儲備。在現今勞保面臨破產，且勞退收益和給付金額不確定的情況下，進行退休金儲備時，個人理財儲蓄格外重要。

2大法則試算所需退休金並進行資產增值估算

靠樹樹倒、靠人人老，更不用說想要靠政府，退休還是要靠自己最好！回到一開始的問題：到底要準備多少錢才有辦法退休？退休的門檻因人而異，首先，要先確認自己退休後想要的生活品質和花費到底需要多少？

表1	**勞退為個人獨立擁有，且較無風險**	
	──勞保vs.勞退	

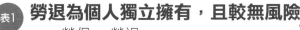

項目	勞保	勞退
概念／性質	保險	基金帳戶
制度	確定給付制	確定提撥制
擁有者	共同集中	個人獨立
是否會破產	有可能	較無風險
幾歲可領	60～65	60

先設定退休年齡，並參考國人平均壽命，推估退休生活有多長。

再來，計算退休後的所需花費，可從每月的日常生活費、房貸費、保險費、其他個人雜支費及休閒旅遊等娛樂費用進行加總計算。舉例來說，假設小明每月生活費約 2 萬元、房貸 1 萬元，保險費和其他雜支休閒費用共 1 萬元，則年需約 48 萬元，保守估計每年需要 50 萬元。

初步了解每月、每年所需的花費後，可對未來勞保與勞退進行初步試算，扣除勞保與勞退試算的可領金額後，即可得到須依靠個人理財儲蓄進行準備的資金缺口。

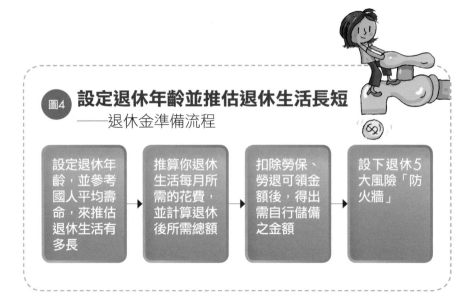

圖4 設定退休年齡並推估退休生活長短
——退休金準備流程

| 設定退休年齡，並參考國人平均壽命，來推估退休生活有多長 | → | 推算你退休生活每月所需的花費，並計算退休後所需總額 | → | 扣除勞保、勞退可領金額後，得出需自行儲備之金額 | → | 設下退休5大風險「防火牆」 |

　　但不得不注意的是，退休後可能會遇到通膨、市場波動、長壽、醫療及政策變動等 5 大風險，因此在進行準備時，必須多設下退休風險「防火牆」，以保障退休生活無虞（詳見圖 4）。

試算方法 1》4% 法則

　　在不計入勞保與勞退的情況下，可利用「4% 法則」，對退休金儲備進行大約的試算及規畫。4% 法則的定義是，依各類投資組合年平均報酬率的「安全值」4% 進行回推，即可得退休時大概要有的儲備總額（詳見圖 5）。

　　以上述的小明為例，每年花費約 50 萬元，要讓退休儲備金以每

就大方向來說，在資產、退休金累積上，年紀較輕的人可以按照

年 4% 產生 50 萬元被動收入金流的情況下，退休金儲備總額要達
1,250 萬元（1,250 萬元＝ 50 萬元 ÷4%）以上。若再節省一點，
將每年的退休花費壓低在 30 萬元的狀態下，則僅要 750 萬元（750
萬元＝ 30 萬元 ÷4%）的退休金儲備總額就能達成。

看到這裡，大家可能會抗議：「拜託，750 萬元也不容易存好嗎？
難道這輩子我真的與退休無緣？」別擔心，其實存到 750 萬元一點
也不難，只要好好地利用複利魔法和各項投資工具，要存到 700 萬
元，甚至是 1,000 萬元以上，絕非不可能。

就大方向來說，在資產、退休金累積上，年紀較輕的人可以按照
「定期定額」投資法進行準備。如果以 750 萬元為目標，只要每
月投入 1 萬 5,000 元、以安全值 4% 年化報酬率進行滾存，大約

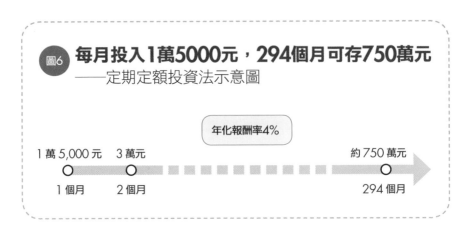

圖6 **每月投入1萬5000元，294個月可存750萬元**
——定期定額投資法示意圖

年化報酬率4%

1萬5,000元　　3萬元　　　　　　　　　　　　　　約750萬元
　○　　　　　　○　　　　　　　　　　　　　　　　○
1個月　　　　　2個月　　　　　　　　　　　　　　294個月

24.5年（294個月）就能存到約750萬元（詳見圖6）。

　　不管你是25歲的職場新鮮人，又或是而立之年的30歲上班族，都能在65歲甚至50歲前，就靠著儲蓄及投資，且在不依賴勞保年金和勞工退休金的基礎下，藉由4%法則來產生每年30萬元的退休金流，達成快樂退休的終極目標。

試算方法 2》72 法則

　　已有一部分資產的人，則可以運用「72法則」來進行未來資產增值的估算。

　　72法則是以複利作為基礎，以「72」這個數字做應用計算，可

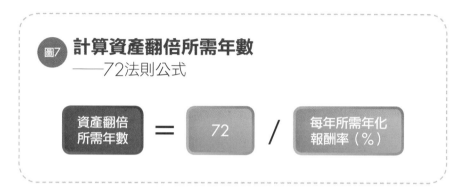

圖7 計算資產翻倍所需年數
——72法則公式

| 資產翻倍所需年數 | ＝ | 72 | / | 每年所需年化報酬率（％） |

以迅速算出資產翻倍所需年數或每年所需年化報酬率，也就是用「72」除以每年所需年化報酬率或資產翻倍所需年數，就能找出相對應的數字（詳見圖7）。

舉例來說，若這筆投資每年可獲得 8％ 的報酬率，以 72 除以 8，可以得到 9 這個數字（9＝72÷8），這代表「每年 8％ 的複利投資，資產翻倍的時間是 9 年」。若打算在 12 年內要翻倍這筆投資並回收，每年所需要的報酬率就是以 72 除以 12 年，每年要有報酬率 6％（6＝72÷12）進行複利，才能在 12 年達到資產翻倍的目標。

因此，手中若已有 500 萬元～ 600 萬元資金，累積翻倍到可供退休的 1,000 萬元～ 1,200 萬元，若以 4％ 年化報酬率試算，也只要約 18 年（18＝72÷4）的時間就能完成，若以 750 萬元的

表2 **6%年化報酬率，達成資產翻倍目標需12年**
——72法則年化報酬率與資產翻倍所需年數對照

年化報酬率（％）	資產翻倍所需年數
1	72.00
2	36.00
3	24.00
4	18.00
5	14.40
6	12.00
7	10.29
8	9.00
9	8.00

目標試算，相比年輕人定期定額地投入，時間更短、更為快速。

　　若每年能得到更高的報酬率，那麼退休金的累積速度將更快速，以投資台灣規模最大的指數股票型基金（ETF）元大台灣50（0050）為例，據回測，就算買在2008年、2009年金融海嘯前的高點，持有10年過後，年化報酬率仍有約6%～8%的水準。

　　而在6%的年化報酬率下，依據72法則，資產翻倍的速度更只

需要 12 年（12 ＝ 72÷6），累積退休金的時間也能大為縮減（詳見表 2）。

退休絕對不是有錢人的專利，不論你是大資族或小資族，年輕人或中年人，只要充分了解自己的退休需求、距離退休的時間、細數手中目前和未來擁有的資源，並且經過儲蓄、資產配置和投資規畫後，想辦法將投資風險降低、報酬提高，加快財富累積的速度，絕對能夠調配出屬於自己的「退休解方」。

1-2 打破5大迷思
正確安排退休藍圖

在初步了解退休準備方式、概念及儲備方法後，你是否已磨刀霍霍、迫不及待地想要開始運行作戰規畫了呢？別急！在正式運用各類商品進行配置和規畫退休策略前，先讓我們來破除一般人對於退休準備常有的迷思，以及進行準備時會遇到的各種風險。

及早規畫退休生活，拒當「下流老人」

迷思 1》我還年輕，退休以後再規畫就好？

不少 20 歲、30 歲的年輕人因為年紀還輕，尚未意識到退休的重要性，總認為等到年紀稍長一點，像是屆齡退休的 50 歲或 60 歲時再開始規畫即可，也因如此，錯過了許多存糧的大好時光。

為什麼愈早開始準備愈好，不等經濟稍有能力再進行呢？因為儲蓄即是犧牲現在的消費享受，等到未來需要（像是退休後）時能拿

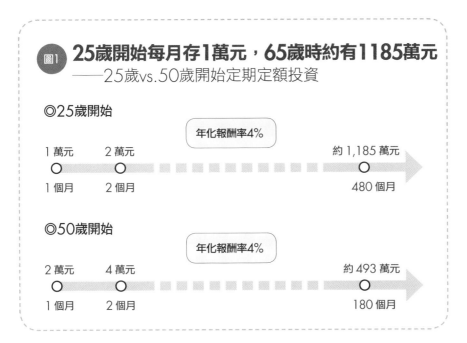

圖1 **25歲開始每月存1萬元，65歲時約有1185萬元**
──25歲vs.50歲開始定期定額投資

◎25歲開始

年化報酬率4%

1 萬元　　2 萬元　　　　　　　　　　　　　　約 1,185 萬元

1 個月　　2 個月　　　　　　　　　　　　　　480 個月

◎50歲開始

年化報酬率4%

2 萬元　　4 萬元　　　　　　　　　　　　　　約 493 萬元

1 個月　　2 個月　　　　　　　　　　　　　　180 個月

出來使用，而未來的資產與準備就相當於「現在投入的本金 × 時間複利」，愈早開始，儲蓄和投資的時間愈長，自然可以取得更多的時間複利。

以圖 1 為例，若在 25 歲開始每月存 1 萬元、年存 12 萬元進到自提的退休金帳戶中，經過 40 年（480 個月）的累積及 4% 的複利滾存後，在 65 歲退休時，將有約 1,185 萬元的資產。如果等到 50 歲才開始投資，就算將定期定額投資金額倍增到每月 2 萬元、

年存 24 萬元，經過 15 年（180 個月）、4% 複利滾存後，到了 65 歲退休時，資產只有 493 萬元，不到 25 歲開始每月投入 1 萬元的一半，由此可見複利的強大及趁早投入與規畫退休的重要性。

迷思 2》若現在開始進行退休規畫，會影響生活品質？

就如「我還年輕」的迷思，現在若將錢用罄，不做任何退休上的規畫，現在的生活品質當然很好啊！不過就如前段所說，儲蓄準備是犧牲現在換取未來可供支用的準備，現在花愈多、未來準備就愈少，現在的生活愈好、退休後就愈糟糕。因此，正確的做法是在不影響基本生活品質的前提下進行退休金準備，以求能有基本的退休生活品質，在兩者間取得良好平衡。

舉例來說，每月多存 1,000 元，從 25 歲開始工作到 65 歲退休的 40 年間，經過 4% 年報酬率滾存後，總計可多約 118 萬元。根據行政院內政部發布的「2017 年簡易生命表」，國人在 65 歲之後的餘命約為 20 年（19.98 年），多 118 萬元儲備表示每年能多花 5 萬 9,000 元（5 萬 9,000 元＝ 118 萬元 ÷20 年）。

大家可以想想，每月多存 1,000 元是否會影響現在的生活品質？而儲蓄可以讓退休後每年多 5 萬 9,000 元支應生活，換算下來，每個月會多約 4,916 元，是否相當值得呢？

迷思 3》退休需要非常多錢，是有錢人的專利？

許多人認為，要有數千萬元、甚至上億元才有辦法享受安穩退休生活，這觀念絕對是大錯特錯！就如前段所說，若從 65 歲的退休年齡開始計算，平均餘命約為 20 年，共 20 年的花費在扣除掉勞保老年給付及勞退金過後，需要自行儲備的退休金其實不多，只要提早規畫、好好儲蓄與投資，一定不難達成，退休絕非是有錢人才有的專利。

迷思 4》只靠勞保、勞退，退休月領 1 萬～ 2 萬元即可？

亦有一派人認為退休不需要什麼錢，大概只需要 1 萬～ 2 萬元的基本生活費開銷即可，並認為可以靠政府強制投保的勞保老年給付，以及雇主提撥的勞工退休金進行「佛系退休」，完全不用自提退休金儲備。

事實上，在儲備不足下就盲目退休，等於忽略了退休常見的長壽、醫療等風險，當退休後面臨到疾病、傷殘或其他突發事件需重大支出時，就無足夠的儲備資金可以應用，無米可炊的情況下，最終落入「下流老人」一途……。

迷思 5》退休後就不用繼續投資？

退休規畫的最後一個迷思，就是認為退休後，就不須再繼續進行

投資理財，只要靠先前所規畫的資產和現金流即可，這種想法並不正確，若退休後不再關注投資，會使退休金暴露在「市場波動」的風險之中。不了解投資、不了解市場與配置，將令投資缺乏彈性，使退休金面臨減損。

除了繼續投資外，退休後的投資觀念更該有所轉變，在退休前，投資多以攻擊型的「累積財富」為主，退休之後，應轉換為防守型的「守住財富」，並利用財富去創造退休金流。也因為由攻轉守，在投資商品的選擇上要更加保守、更加穩健（詳見圖２）。

了解5大風險，避免退休金被侵蝕殆盡

破解以上常見的「退休迷思」後，後頭仍有５大「退休風險」要格外注意，在退休規畫正式開始前，必須將未來可能面臨到的通膨風險、長壽風險、醫療風險、資本市場風險和政策風險都列入考量中，以避免這些不確定變數偷偷搬走我們的退休金（詳見圖３）。

風險１》通膨風險

什麼是通膨（通貨膨脹）？通膨是指「物價持續性地上升」，一旦物價上升，就會相對地使貨幣的「購買力下降」，通膨就像一個不真實存在的小偷，不知不覺中一點一滴地將貨幣的價值搬走，讓

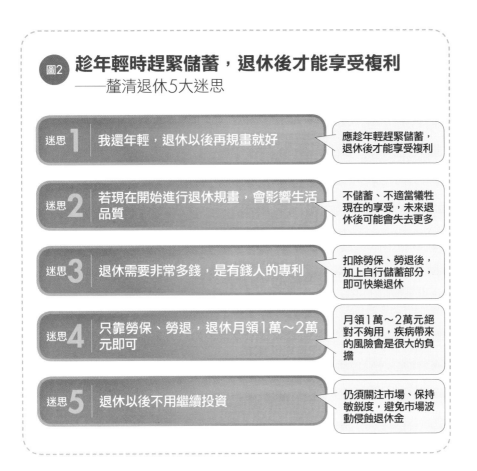

圖2　趁年輕時趕緊儲蓄，退休後才能享受複利
——釐清退休5大迷思

| 迷思1 | 我還年輕，退休以後再規畫就好 | 應趁年輕趕緊儲蓄，退休後才能享受複利 |

| 迷思2 | 若現在開始進行退休規畫，會影響生活品質 | 不儲蓄、不適當犧牲現在的享受，未來退休後可能會失去更多 |

| 迷思3 | 退休需要非常多錢，是有錢人的專利 | 扣除勞保、勞退後，加上自行儲蓄部分，即可快樂退休 |

| 迷思4 | 只靠勞保、勞退，退休月領1萬～2萬元即可 | 月領1萬～2萬元絕對不夠用，疾病帶來的風險會是很大的負擔 |

| 迷思5 | 退休以後不用繼續投資 | 仍須關注市場、保持敏銳度，避免市場波動侵蝕退休金 |

每 1 元所能買到的物品逐漸減少。

舉例來說，現在一個便當賣 100 元，而明年一個便當卻漲價到 105 元，同時間將 100 元定存於銀行中、年利率 1%，隔年只能拿

圖3 退休後活太久、退休金花太快，即為長壽風險
——退休5大風險

| 通膨風險 | 長壽風險 | 醫療風險 | 資本市場風險 | 政策風險 |

回 101 元，此時，原先的 100 元已經買不起一個便當，這就是典型的「通膨風險」，物價上升侵蝕貨幣購買力，讓錢變薄了！

那麼該如何規避和打敗通膨風險呢？這要透過「資產配置」，以及將「通膨因素」列入退休規畫中來達成：

1. **資產配置**：可以將資產與投資部位配置在可打敗通膨的投資商品中，例如，台灣消費者物價指數（CPI）年增率近幾年都低於 2%（詳見圖 4），若以具備緩衝的 2% 作為標準，只要商品的投資報酬率超過 2% 就可視為打敗通膨，像年利率 1% 的定存因無法戰勝通膨，配置在投資組合中的比率就不宜過高。不過要注意的是，投資報酬率愈高的商品，往往伴隨著愈高的投資風險，若價格與收益波動過大，亦不適合退休族群。

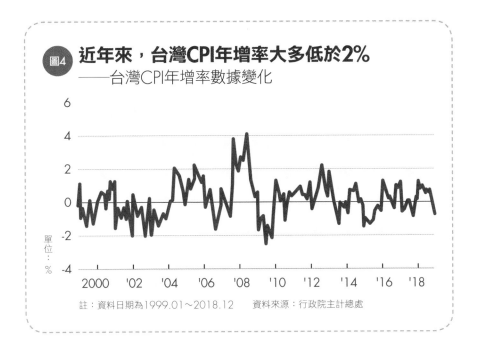

圖4 **近年來，台灣CPI年增率大多低於2%**
——台灣CPI年增率數據變化

單位：%

6

4

2

0

-2

-4

2000 '02 '04 '06 '08 '10 '12 '14 '16 '18

註：資料日期為1999.01～2018.12　　資料來源：行政院主計總處

2.將通膨因素列入退休規畫中：必須就目前退休規畫的報酬率再加入 CPI 年增率計算，以找出真實退休所需報酬率。舉例來說，目前若需要年化報酬率 4% 才能退休，而 CPI 年增率約 2%，就必須將年化報酬率提高到加計 2% 通膨後的 6%，才能安心退休，如果沒有加計 CPI 年增率，未來將因購買力下降而影響退休生活（詳見圖5）。

風險2》長壽風險

長壽風險，也就是退休太早、退休後活太久、退休金儲備太少，

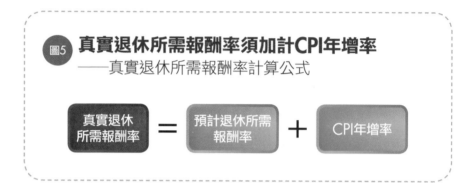

圖5 **真實退休所需報酬率須加計CPI年增率**
——真實退休所需報酬率計算公式

真實退休所需報酬率 = **預計退休所需報酬率** + **CPI年增率**

還有退休金花太快。隨著衛生條件愈來愈好、醫療水準愈來愈佳，國人的平均壽命亦愈來愈高，餘命增加也讓退休規畫增添不少變數。

據內政部統計，2017 年國人平均壽命已高達 80.4 歲，且壽命長度還在上升的趨勢中（詳見圖6），而國家發展委員會的資料更顯示，到了 2065 年，0 歲男性的平均餘命將達 81.9 歲，而女性更高、達 88.6 歲。換言之，現在若單純以 80.4 歲作為餘命計算和退休規畫依據，未來退休儲備絕對會不敷使用。

預計未來台灣人只會愈來愈長壽，有些人甚至能活到上百歲，餘命更長、活得愈久，自然也就用得多，若過度低估自身生命長度，很容易忽略退休後各種需求，造成退休金儲備不足，出現愈老錢愈不夠用的高齡慘況。

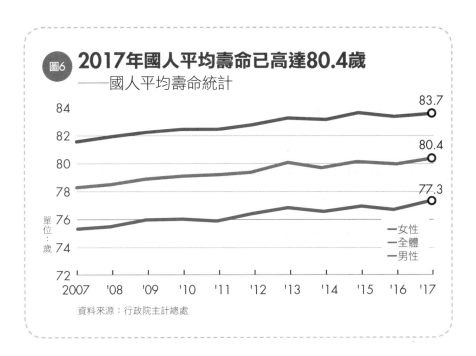

圖6 **2017年國人平均壽命已高達80.4歲**
　　——國人平均壽命統計

83.7

80.4

77.3

84

82

80

78

單位：歲
76

74

72

2007　'08　'09　'10　'11　'12　'13　'14　'15　'16　'17

──女性
──全體
──男性

資料來源：行政院主計總處

　　除了高齡化之外，台灣目前也面臨到少子化危機，高齡化加上少子化，將使台灣未來「扶老比」大為提高。根據國家發展委員會的統計推估，台灣扶老比將從 2018 年 5 名年輕人扶養 1 名老年人的 20.1%，攀升到 2065 年最不理想的低預估值 91.9%，接近 1 名年輕人要扶養 1 名老年人（詳見圖7）。

　　少子化亦造成一種變向的「長壽風險」，年輕人的負擔愈來愈重，老年退休族群的自我準備也就要愈來愈高。因此，建議在進行退休

規畫時，要達到能百分之百自主負擔生活所需，千萬不要想仰賴下一代奉養。

風險 3》醫療風險

退休後可能會遇到的各項醫療問題及風險，隨著老化，退休族群生病的機率高出年輕人許多，自然也少不了大筆醫療支出。但許多人在規畫退休花費時，尚未進入到老化階段，因此未將退休後的醫療花費列入規畫中，或是準備不足，以致產生退休後的醫療風險。

據衛生福利部資料顯示，2018 年台灣每人平均年醫療費用就要 4 萬 7,860 元，107 年的 65 歲國人餘命為 19.98 年，以此估計，若在不計通膨情況下，每人退休後的醫療花費約為 95 萬 6,242 元。

衛生福利部統計，60 歲以上的老年人醫療花費約為 60 歲以下的 3 倍～ 4 倍，退休後的醫療金額想必將遠高於 95 萬元。

至於要如何規避和保障醫療風險？首先是透過投保醫療險、意外險等保險，以求未來罹病或發生事故時，能有一筆救急金可供使用；再來，則是可透過「風險自留」的方式，也就是在提存退休金時，將未來的醫療費用考量進去，增加自存的金額與對抗風險的能力；最後，當然就是維持良好生活習慣和健康身體，降低罹病機率，自

2065年台灣扶老比將大增為91.9%

——台灣扶老比預估

2018年
5名年輕人扶養1名老年人
扶老比20.1%

2065年
1名年輕人扶養1名老年人
扶老比91.9%

資料來源：國家發展委員會

然能降低未來退休後所需的醫療花費（詳見圖8）。

風險 4》資本市場風險

再來則是來自於「資本市場波動」所造成的退休風險，主因為市場波動造成股票、債券等價格下跌，進而影響到退休族群的資產和現金流。

例如在 2008 年～ 2009 年時發生的金融海嘯，使得各項資產價格大跌，侵蝕了不少人的退休金，也因為景氣轉差，使許多企業獲

利不佳、企業配息跟著大減，讓不少靠配息金流生活的退休族群苦不堪言。

特別是在現今定存低利率的時代，許多人會將資產配置在報酬率較高、風險也較高的金融商品上，但退休金不可能重新累積，因此在選擇投資商品時，除了報酬率外，更要重視投資的波動與安全性，隨著年紀愈來愈大，盡量改以「低波動、高安全」的金融商品作為配置主力。

最後，則是建議進行退休規畫時，不要將雞蛋放在同一個籃子中，可藉由多元配置來降低持有單一或特定商品所帶來的風險，因為每一種金融商品的波動程度和波動方向都不同，像股票和公債往往是反向波動。因此，可藉由多元的配置來避免手中資產過度連動，同時產生大幅虧損的情況發生。

風險 5》政策風險

最後一項風險，則是因政府政策變動所帶來的政策風險，隨著 2019 年的勞保財務精算報告出爐，如果「勞保改革」未持續進行，台灣勞工保險恐將在 2026 年破產。若要改革，很可能將朝著「多繳、少領、延後退」的方向前進，預期未來能領取的勞保年金給付有可能愈來愈少，這也意味著，個人的儲蓄準備，最好達到一定水

圖8 **透過投保醫療險、意外險，對抗未知風險**
——3招防範退休後醫療風險

第**1**招 投保醫療險、意外險等保險

第**2**招 風險自留，增加退休金儲備、增強對抗風險的能力

第**3**招 維持良好生活習慣與健康身體，降低罹病機率和醫療花費

準，以防若勞保年金調低給付時，不至於讓退休生活陷入困境。

除了勞保以外，其他像是公務人員保險、全民健康保險等也都面臨到財政吃緊的問題，急須進行改革以提高費用和減少支出，所以，未來可確定的是，從政府端領到的各式補貼、補助和給付，都將不比現在。

因此進行退休規畫時，勢必要增加自提準備和投保商業保險，轉移政府政策變動的風險，以及因應未來各式政府補貼和給付的縮水。

股神華倫‧巴菲特（Warren Buffett）曾說：「在錯誤的道路上，奔跑也沒用。」而在打破退休 5 大迷思和充分了解退休 5 大風險後，相信大家已經站在正確規畫退休的起點上，接下來，就讓我們朝著退休這最終目標用力奔跑吧！

13 3階段規畫保險需求
補強退休後醫療保障

　　為確保退休後的生活品質，不因突發的醫療需求打亂退休規畫，在年輕階段，除了要努力準備退休之後的金流之外，也建議在退休前，透過商業保險，將基本的保障補足。如何才能聰明買保險？應該搭配人生各階段不同的責任與風險來規畫（詳見圖1）。

　　1.年輕階段：年輕時可能常在外奔波，這時可以透過意外險、意外醫療險、實支實付型醫療險（簡稱實支實付）等，針對風險預先做補強。

　　2.青壯年階段：這階段經濟條件通常比較好，可以趁身體還健康時，開始補足失能扶助險（簡稱失能險）、癌症險或重大疾病險。後2種保單通常提供一次給付保險金，所以保額的規畫建議至少要以2年以上的家庭年支出為主。此外，這階段若已肩負家庭責任，除了自己的保障，還要檢視自己的壽險保額，是否能轉嫁房貸、車

貸、家庭未來 5 年～ 10 年的生活費用，以及小孩至少上大學的教育費用等，不會因自己意外傷害或疾病離開而有所影響。

3. 中老年階段：此時小孩長大、房貸、車貸已還清或減輕，家庭責任沒那麼重的時候，就可以開始為退休規畫做準備。首先，先回頭檢視自己的保單，若之前都有按部就班補足基本保障，如果行有餘力，建議補足長期照顧險（簡稱長照險）再來則要檢視保障額度是否足夠。

若尚有風險缺口未補齊，建議最遲應在 55 歲前規畫完畢，因為保險公司對大部分的保障型保單，大多訂有「免體檢最高年齡」，通常以 50 歲～ 55 歲為上限，因此 50 歲前投保，可避免因體況不佳而被加費、除外或拒保的情況。想要確保未來老後的醫療保障，建議可以從 3 階段著手：

階段1》檢視是否有實支實付，減輕醫療負擔

台灣民眾的醫療支出愈來愈大，根據衛生福利部統計，2017 年國人的醫療保健支出高達 1 兆 1,273 億 6,000 萬元，平均每位國人每年的醫療費用支出是 4 萬 7,859 元，若以 2017 年平均壽命 80.4 歲估算，台灣人一生醫療花費為 384 萬 7,863 元。隨著

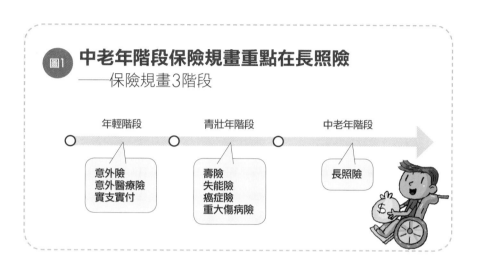

圖1 中老年階段保險規畫重點在長照險
——保險規畫3階段

年輕階段

青壯年階段

中老年階段

意外險
意外醫療險
實支實付

壽險
失能險
癌症險
重大傷病險

長照險

醫療科技不斷進步,以及健保新制 DRGs 住院診斷關聯群支付制度(Diagnosis Related Groups,詳見名詞解釋)實施,自費項目將會愈來愈多,未來醫療費用只會逐年增加,自行投保商業醫療保險,就成為分攤風險的方式之一。

目前保險公司販售的醫療保險,以住院醫療險的保障範圍最大,

💲 名詞解釋

DRGs

DRGs 是一種「包裹式給付」,將同一類疾病、類似治療方式分在同一組,作為健保給付方式。不論採用何種治療方式、藥物、住院天數,在給付價格都有上限的限制,即所謂的「同病同酬」。

無論是因疾病、傷害住院治療或手術，即可依投保約定的規定申請保險金。住院醫療險依給付方式不同分為「日額給付」及「實支實付」2 大類（詳見表 1）。

日額給付是依據實際住院天數理賠，不管被保險人醫療支出多少，理賠金為「投保金額 × 實際住院天數」。例如投保日額 1,000 元，住院 3 天，保險公司理賠 3,000 元，住幾天賠幾天，不因健保給付不理賠。

實支實付則針對全民健康保險不給付的自費項目，在符合條款的規定下，保險公司按醫療收據「在限額內實支實付」，彌補如癌症治療標靶藥物、人工關節、達文西手術等健保不給付，但金額很龐大的醫療費用。

兩者最大的差異在於實支實付有給付「住院醫療費（俗稱雜費）」。舉例來說，在健保全額給付的情況下，小明進行心導管手術，住 3 天健保房，裝設健保給付的心臟支架，若投保日額給付的保單，小明可領到 2 萬 6,000 元理賠金，實支實付的保單則為 6,000 元理賠金（詳見表 2）。

如果是健保部分給付的情況下，小明進行心導管手術，住 3 天雙

表1

實支實付可彌補健保不給付的醫療費用
——日額給付vs.實支實付

險種	日額給付（定額給付）	實支實付（限額理賠）
理賠內容	每日病房費、每次手術費	每日病房費、每次手術費、雜費在限額內實支實付
優點	1. 不需收據 2. 住幾天賠幾天，不因健保給付不理賠 3. 民眾可自行運用理賠金額，補償住院期間的薪水損失、看護費、購買補品，或是升等病房 4. 當自費項目或醫療雜費支出低時，若住院天數長，理賠金額較高	1. 在符合條款的規定下，有醫療收據無住院也可理賠 2. 彌補健保不給付的醫療費用 3. 有些保險公司給付方式為實支實付與住院日額2選1，若自付金額高選實支實付，若自付金額低則選住院日額理賠 4. 可副本理賠
缺點	1. 無住院就無法理賠 2. 不理賠醫療雜費、自費項目，可能無法負擔高額治療費用	1. 需收據 2. 無自費、雜費時，理賠金額較少

資料來源：各保險公司

人房自費 1 萬元，裝設健保部分給付塗藥血管支架自費 6 萬元，則投保日額給付的保單，小明可領到 2 萬 6,000 元的理賠，實支實付的保單則可以領到 6 萬 6,000 元（詳見表 3）。

在 DRGs 實施後，住院天數逐漸下降，要住院到 1 個月的情況會

表2 **自費金額低，適合日額給付**

——健保全額給付，日額給付與實支實付理賠金額試算

險種	日額給付	實支實付
住院費	住院3天×日額2,000元＝6,000元	住院3天×日額選擇權2,000元＝6,000元
手術費	按手術列表理賠，2萬元	無自費項目
雜費	無自費項目	無自費項目
總理賠金額	2萬6,000元	6,000元

愈來愈少，但自費項目卻愈來愈多，日額給付的保障就顯得相當不足，也更凸顯實支實付的重要性（詳見表4）。

最重要的是，實支實付還可以「副本理賠」。所謂的副本理賠，即保戶除了拿醫療收據正本向第1家保險公司申請理賠外，還可以拿收據副本向第2家或第3家保險公司申請理賠。

舉例來說，小明分別向A、B保險公司投保實支實付，之後因病，住3天健保房，自費2萬元。由於A公司只收正本收據，因此小明將正本收據給A公司，副本收據給B公司，則小明共可領到4萬元（2萬元＋2萬元＝4萬元）的理賠金。

表3 **雜費昂貴、自費金額高，適合實支實付**
——健保部分給付，日額給付與實支實付理賠金額試算

險種	日額給付	實支實付
住院費	住院 3 天 × 日額 2,000 元＝ 6,000 元	住院 3 天 × 2,000 元＝ 6,000 元
手術費	按手術列表理賠，2 萬元	無自費項目
雜費	無自費項目	塗藥血管支架自費 6 萬元（實支實付限額 10 萬元）
總理賠金額	2 萬 6,000 元	6 萬 6,000 元

不過未來「副本理賠」可能面臨限縮管制。金管會保險局日前表示，站在避免道德風險的立場，擬限制每人最多只能買 2 家保險公司的實支實付型醫療險，只要政策拍板，如何挑選實支實付就是重要功課。建議可以從以下 3 重點挑選（詳見圖 2）：

重點 1》理賠範圍應涵蓋門診手術

隨著醫療技術進步，有很多疾病早期需住院才能治療，現在門診手術就可以完成，例如白內障、植牙等，動刀後就可以回家靜養，不須住院。但部分保險公司保單將門診手術列為除外給付，因此有理賠門診手術的保單是民眾挑選實支實付應優先注意的項目。

表4 實支實付可理賠雜費
——日額給付與實支實付理賠項目差異

理賠項目	日額給付	實支實付
每日病房費	✓	✓
手術費	✓	✓
雜費	✗	✓

資料來源：各保險公司

重點 2》雜費採「概括式」認列，理賠範圍較大

有些實支實付雜費是採「列舉式」，保單條款上列舉很多理賠項目，只要不在項目中的，就被視為非理賠項目，不予理賠；而「概括式」則是直接載明「超過全民健康保險給付之住院醫療費用」將之視為雜費，理賠範圍較大，對保戶來說比較有保障，可優先選擇。

重點 3》注意是否可副本理賠

民眾如果已經有 1 張實支實付保單，想要規畫第 2 張同類型保單時，除了要主動告知保險公司自己目前持有其他實支實付保單，還要注意是否能副本理賠。實支實付按醫療收據理賠，但收據正本只會有一份，有些保險公司可以接受正本或副本收據，但有些保險公

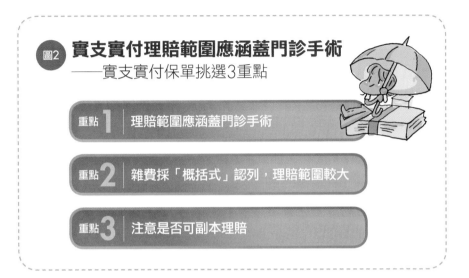

圖2 **實支實付理賠範圍應涵蓋門診手術**
——實支實付保單挑選3重點

重點 **1** │ 理賠範圍應涵蓋門診手術

重點 **2** │ 雜費採「概括式」認列，理賠範圍較大

重點 **3** │ 注意是否可副本理賠

司只限使用正本收據。

副本收據並非民眾自行用影印機重複印出，而是須向醫院申請，在收據影本蓋上由醫院具名的「與正本相符」章。目前台灣人壽、全球、新光、遠雄等保險公司，都接受副本理賠，但國泰人壽和富邦人壽，都只接受正本理賠，因此，辦理理賠時，務必要記得把正本收據留給只收正本的保險公司。

在現行環境及醫療制度下，實支實付是目前醫療險規畫的主流，但目前市售實支實付一般都是保障到特定年齡，例如 75 歲或 80

歲,因此這個時候必須考慮75歲或80歲之後,沒有實支實付保障的醫療風險,建議可規畫終身醫療險來因應。

終身醫療險給付方式為日額給付,是早期醫療險規畫的主流,只是過去終身醫療險無理賠上限,導致理賠率居高不下,金管會為避免有保險公司「賠到倒」的風險,在2006年祭出新規定,醫療險、防癌險、重大疾病險等長年期健康險,一律必須設有理賠給付上限或保費調整機制。

因此,現在終身醫療險屬於帳戶型,帳戶給付上限為住院日額的倍數,以日額給付1,000元、3,000倍(各家保險公司倍數不同)為例,最高理賠金額為1,000元×3,000倍,這張終身醫療保單會有300萬元的醫療額度,當300萬元花光之後,這張保單也就失效。雖然在高齡時期投保保費較貴,但依然可以發揮保險槓桿的效益;若不規畫,就是自己必須以1:1的方式提列醫療準備金,才能因應老年醫療所需。因此在不影響退休享樂生活的前提下,還是有規畫終身醫療的必要(詳見圖3)。

階段2》用失能險補足長期照顧風險缺口

根據世界衛生組織(WHO)推估,長期照顧潛在需求為7年～

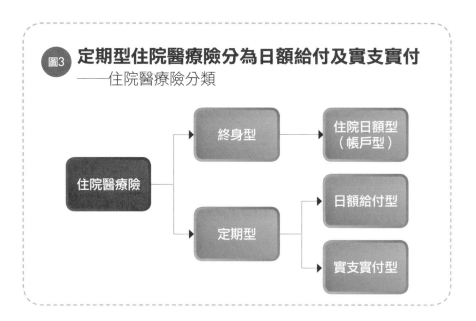

圖3 **定期型住院醫療險分為日額給付及實支實付**
——住院醫療險分類

住院醫療險

終身型 → 住院日額型（帳戶型）

定期型 → 日額給付型

實支實付型

9年。而依衛生福利部統計，國內 25 歲～ 54 歲青壯年重度失能後，平均可再活超過 20 年，65 歲～ 74 歲老人失能後平均可再活 10 年以上，若以每月需要 5 萬元長照費用計算，一年開銷達 60 萬元，若存活 10 年，須花 600 萬元。

另一方面，根據衛生福利部統計，全台身心障礙者人數逐年攀升，到 2018 年底已有 117 萬人，占總人口數 5%，相當於每 20 人，就有 1 人因意外或疾病而領取身心障礙手冊。再加上國內人口老化，逾 5 成身心障礙者為 60 歲以上高齡者，人在年紀大後無法避免身

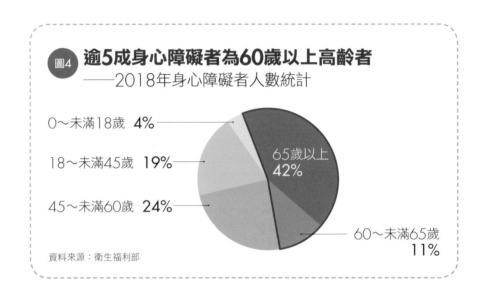

圖4 **逾5成身心障礙者為60歲以上高齡者**
──2018年身心障礙者人數統計

0～未滿18歲 **4%**

18～未滿45歲 **19%**

45～未滿60歲 **24%**

65歲以上 **42%**

60～未滿65歲 **11%**

資料來源：衛生福利部

體機能衰退，更使民眾對長期照顧的危機意識大增（詳見圖4）。

　　以目前市面上提供長期照顧保障的相關商品來說，一般分成3種：傳統長照險、失能險及特定傷病險，後兩者又稱為「類長照險」（詳見表5）。

　　長照險一般是以巴氏量表或失智量表診斷，判定符合「長期照顧狀態」就能獲得長照險的保險金給付。而長期照顧狀態須符合「生理功能障礙」或「認知功能障礙」2項情形之一為條件，每半年或1年必須再回院重新認定。

類長照險包括特定傷病險及失能險
──傳統長照險vs.類長照險

險種	傳統長照險	類長照險	
	長照險	特定傷病險	失能險
保障範圍	因疾病、意外或自然老化所導致的失能或失智	22 項特定傷病	因疾病或意外所導致的1級~11級失能
理賠標準	1. 經專科醫師診斷判定以依巴氏量表或失智量表，診斷「生理功能障礙」或「認知功能障礙」超過一定期間（最高不超過6個月）者 2. 生理功能障礙（巴氏量表）：進食、移位、如廁、沐浴、平地走動及更衣等6項日常生活自理能力，須符合3項（含）以上 3. 認知功能障礙（失智量表）：時間分辨、場所分辨、人物分辨等3項，須符合2項（含）以上	以保單條款所約定的特定傷病項目及其定義來判定，如阿茲海默症、帕金森氏症、腦中風、癱瘓等（各家保險公司不同）	依據失能等級表判定
理賠方式	一次性給付長期照顧金、分期給付的照顧金	一次性給付的特定傷病保險金，及分期給付的照顧金	一次性給付的失能保險金、分期給付的失能生活扶助金
理賠條件	每半年或1年須回醫院複檢，須符合長期照顧狀態	一旦確診無須再複診	一旦確診無須再複診
保費	高	中	低

資料來源：各保險公司

表6　失能級數愈小即失能情況愈嚴重，給付比率愈高
——失能給付標準

失能等級	1	2	3	4	5	6	7	8	9	10	11
給付比率（％）	100	90	80	70	60	50	40	30	20	10	5

資料來源：各保險公司

　　特定傷病顧名思義就是依罹患特定傷病判定，如帕金森氏症、阿茲海默症等；而失能險則是依「失能等級」來判定，兩者皆無須每年回院重新認定。

　　其中，失能險保費相對便宜、保障範圍最廣，不論意外或疾病，只要被保險人符合保單規定之「失能給付標準」，即可領取相對應等級的一次性給付失能保險金，若被保險人為1級～6級失能，每個月還可定期領取一筆失能生活扶助金，市面上目前的最高給付月份為600個月（相當於50年），理賠金可達上千萬元（詳見表6）。近年失能險成為長期照顧規畫的主流商品，只是市場上保單數量很多，該怎麼選擇？可從以下4個重點來判斷（詳見圖5）：

重點1》失能生活扶助金1級～6級不打折

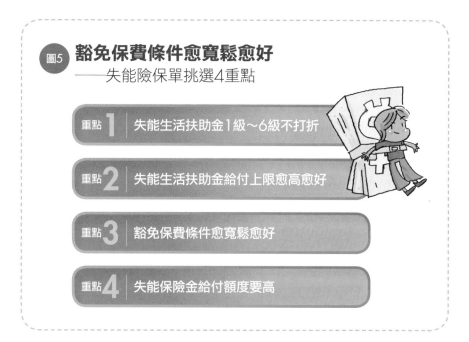

圖5 **豁免保費條件愈寬鬆愈好**
──失能險保單挑選4重點

重點1 失能生活扶助金1級～6級不打折

重點2 失能生活扶助金給付上限愈高愈好

重點3 豁免保費條件愈寬鬆愈好

重點4 失能保險金給付額度要高

　　過去投保失能險時，失能生活扶助金的保證給付月數多寡，是一個很大的挑選重點，不過從 2019 年開始，多家保險公司已陸續取消保證給付，因此，失能生活扶助保險金 1 級～ 6 級不打折就變得相當重要。

　　舉例來說，有些保單理賠條款會依失能等級給付比率理賠，但有些保單理賠條款不會因失能程度較輕而減少給付，1 級～ 6 級都全額理賠。以投保保額 5 萬元、符合 6 級失能為例，1 級～ 6 級不打

折每月可獲得 5 萬元的理賠金，但若是依失能等級給付比率理賠，每個月理賠金僅 2 萬 5,000 元（5 萬元 ×6 級失能 50％ ＝ 2 萬 5,000 元）。

重點 2》失能生活扶助金給付上限愈高愈好

雖然失能生活扶助金可給付至被保險人死亡或達最高給付年齡（各保險公司不同），不過若達給付限額而被保險人仍存活，失能生活扶助金仍會停止給付。

舉例來說，小花 25 歲時因疾病導致 1 級失能，每月可領取失能生活扶助金 5 萬元，給付限額為 3,000 萬元，最高給付小花至 99 歲，但因小花 75 歲時已達給付限額，若小花於保單有效期間且保險年齡達 99 歲仍生存時，保險公司將在保單週年日給付祝壽保險金，給付後該張保單契約效力即終止。目前各保險公司的失能生活扶助保險金給付上限不同，有的是以保險金額的 10 倍、12 倍計算，有的是按年給付 50 次或按月給付 120 次計算，若投保條件相同，建議選擇給付上限愈高者。

重點 3》豁免保費條件愈寬鬆愈好

豁免保費是指當被保險人在發生特定事故（例如身故、完全失能、罹癌、重大燒燙傷等）後，符合保單條款中豁免條件的情況時，即

可免繳剩餘期數的保費，保障被保險人不會因繳不出保費導致保單失效。目前失能險的豁免範圍，從寬鬆至嚴格大致分為 1 級～ 11 級失能、1 級～ 9 級失能及 1 級～ 6 級失能，目前市面上多數失能險設為第 1 級～ 6 級失能即豁免，建議挑選豁免級數愈廣愈好。

重點 4》失能保險金給付額度要高

多數人投保失能險只比較第 1 級～ 6 級失去工作能力或第 1 級～ 3 級失去生活能力的理賠額度，卻忽略第 1 級～ 11 級可提供一次性給付的失能保險金。以胸腹部脹氣為例，通常醫師會囑咐不宜過度勞累工作，卻因列在第 7 級，得不到失能生活扶助金，故拉高第 1 級～ 11 級失能給付有其必要。

在投保建議上，建議挑選不還本商品，因費率相差甚大，且年齡愈高、差距愈大。以某公司失能險為例，30 歲男性投保還本、不還本的保費相差 1 倍，40 歲相差 2 倍，等到 50 歲時相差 4 倍、5 倍之多。有預算壓力的民眾規畫失能險時，不妨以主、附約搭配方式投保，可降低保費負擔。

階段3》行有餘力，用長照險確保老後長照需求

2018年，台灣65歲以上人口突破14%，正式邁入「高齡社會」。

隨後人口老化的速度將加劇，2026 年 65 歲以上老年人占比將一舉超過 20%，比其他先進國家更快步入「超高齡社會」；預估到 2065 年，65 歲以上老年人占比將會高達 41.2%（詳見圖 6）。

隨著少子化的現象日趨嚴重，整體人口結構快速趨向高齡化，長期照顧需求人數也同步增加。

為滿足長期照顧需求人數的快速增加，行政院於 2019 年核定「長照 10 年計畫 2.0」（簡稱長照 2.0），擴大服務對象及服務項目。

在長照 1.0 為基底的條件下，長照 2.0 擴大服務對象，目前服務對象包括：日常生活需他人協助的獨居老人或衰弱老人、失能身心障礙者、50 歲以上失智症患者、55 歲以上失能原住民及 65 歲以上失能老人（詳見圖 7），服務對象人數從 51 萬 1,000 人增至 73 萬 8,000 人，成長約 44%。

另外，將原有的 10 項長照服務，整合為「照顧及專業服務」、「交通接送服務」、「輔具服務及居家無障礙環境改善服務」及「喘息服務」等 4 大類服務，由照管專員或個案管理師針對個案長照需求量身打造照顧計畫，再由特約服務單位提供長照服務，讓長照服務更專業多元，也更符合需求（詳見表 7）。

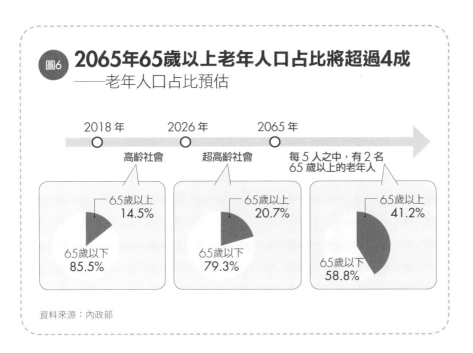

圖6 **2065年65歲以上老年人口占比將超過4成**
——老年人口占比預估

2018年　　　　2026年　　　　2065年

高齡社會　　　　超高齡社會　　　每5人之中，有2名
　　　　　　　　　　　　　　　　65歲以上的老年人

65歲以上
14.5%

65歲以下
85.5%

65歲以上
20.7%

65歲以下
79.3%

65歲以上
41.2%

65歲以下
58.8%

資料來源：內政部

　　雖然長照 2.0 擴大服務對象及服務項目，但俗話說：「久病床前無孝子。」長期照顧是一場「看不見盡頭的馬拉松」，政府的長照服務幫助有限，建議仍應規畫能提供長期保障的保險，才能解決長期照顧所需的金錢來源。如前面所述，目前市面上提供長期照顧保障的相關商品有長照險、失能險及特定傷病險這 3 種，其中又以保費相對便宜、保障範圍相對廣的失能險成為最熱賣的長照保單。

　　失能險保費相對長照險便宜很多，大部分的人都負擔得起，再加

獨居老人為長照2.0主要服務對象之一
——長照2.0的5大服務對象

對象1　日常生活需要他人協助的獨居老人或衰弱老人
日常生活如穿衣脫襪、進食、洗澡、平地走動等需要協助的獨居老人；或是體重減輕、下肢無力、提不起勁的衰弱老人

對象2　失能身心障礙者
領有身心障礙證明（或手冊）的失能者

對象3　50歲以上失智症患者
50歲以上有表達能力降低、記憶力下降、睡眠障礙、產生幻覺等疑似失智症狀，或是確診為失智症民眾

對象4　55歲以上失能原住民
55歲以上日常生活如穿衣脫襪、進食、洗澡、平地走動等需要協助的原住民

對象5　65歲以上失能老人
65歲以上日常生活如穿衣脫襪、進食、洗澡、平地走動等需要協助的失能老人

資料來源：衛生福利部

上保障範圍廣，因此現在很多人用失能險來取代長照險。但是，失能險只是「類長照」，無法完全取代長照險的功能。失能險跟長照

表7 交通接送服務協助失能第4級以上者往返就醫

—— 長照2.0服務類別及補助原則

服務類別	服務內容	補助額度	部分負擔金額	
			一般戶	中低收入戶
照顧及專業服務	1. 照顧服務：居家服務、日間照顧等 2. 專業服務：居家復健、居家營養等	依失能程度2～8級每月給付1萬20元～3萬6,180元	給付額度×16%	給付額度×5%
交通接送服務	協助失能第4級以上者，往返醫療院所就醫或復健	依城鄉距離每月給付1,680元～2,400元	給付額度×21%～30%	給付額度×7%～10%
輔具服務及居家無障礙環境改善服務	居家生活輔具購置或租賃、居家無障礙設施改善	每3年給付4萬元	給付額度×30%	給付額度×10%
喘息服務	可使用於居家喘息、機構喘息、日間照顧中心喘息、小規模多機能（夜間臨托）、巷弄長照站臨托等5項短期照顧服務，讓家庭照顧者獲得休息	依失能等級每月給付3萬2,340元～4萬8,510元	給付額度×16%	給付額度×5%

註：低收入戶由政府全額補助，免部分負擔；超過政府補助額度者，由民眾自費負擔
資料來源：衛生福利部

險兩者最大的不同之處在於，長照險只看結果不管原因，不論疾病、意外或自然老化，只要狀況符合巴氏量表中的6選3或失智量表中

3 選 2 即符合長照狀態。而失能險須問原因，限定疾病或意外，因此不包括因為自然老化而導致的失能或失智。長照險明確保障長壽老化及各種原因而需要他人照顧的風險，加上人到最後恐怕都有一段時間須被照顧，因此長照險是最後的風險缺口。

只是目前市面上的長照險多以終身型為主，如果保額要買夠，絕大部分的中產階級都負擔不起；雖然目前部分保險公司有推出定期的長照險，但保障期間太短，僅 10 年或 20 年，保障不夠周延。

一般人要怎麼投保長照險呢？建議定期跟終身可以搭配買，保額分配可以一半一半或 2：1（定期：長照），看個人經濟能力。

舉例來說，小明投保保額 100 萬元的定期長照險，搭配保額 2 萬元的終身長照險，假設小明 10 年內需要長期照顧，保險公司每年會給付小明 124 萬元的保險金（定期 100 萬元＋（2 萬元 ×12 個月）＝ 124 萬元）；假設超過 10 年才需要長期照顧，因為定期險已經到期，小明每月僅能領到 2 萬元的保險金。

為什麼會這樣建議？若在中壯年時需要長期照顧，又是家庭經濟支柱的話，對家庭影響甚鉅，甚至比在高齡發生還要嚴重，因此在可以負擔保費的前提下，把下一秒的風險先顧好，等更有能力的時

候，再去把終身的保額提高，將缺口補齊；若無法補齊，至少定期
險到期後，小孩應該也有工作能力，家庭負擔不會那麼沉重。

長照險雖然有其重要性，但在保險規畫中，會建議先把醫療、意
外、防癌買齊，若都還沒有買齊，就擔心到那麼遠的長照，可能會
犧牲掉現在的醫療保障。在其他風險缺口都補齊後，再考慮失能險
或長照險，先買失能險，若之後心有餘力，再把長照這一塊補齊。

Chapter
2

善用工具
加速累積老本

24 靠年金險抵禦長壽風險
活愈久、領愈多

當長壽成為常態、當退休後的人生可能還有 20 年之久,「準備退休金」這件事已漸漸成為民眾關心的焦點。而在用來準備退休金的理財工具中,「年金險」可以說是最能對抗長壽風險的工具之一。

相較於其他保險商品,年金險的設計其實相當簡單:民眾繳交保費給保險公司後,保險公司依照契約一次或分期給付一定金額,直到被保險人身故或是 110 歲保單效期終止,提供被保險人長期且穩定的經濟來源(詳見圖 1)。

年金險設計的原意,就是用來抵禦長壽風險,因此不像壽險或健康險等其他險種注重被保險人的年紀、健康等因素,即使體況不佳也能購買年金險,投保年齡最高可達 80 歲。

而且年金險一旦進入年金給付後(年金化)後,保險公司每期將

圖1　年金累積期滿後，被保險人可每期領取年金
──年金險保證期間

保險公司開始給付
年金給被保險人

保單效期終止

保證期間：持續生存、持續給付，活愈久、領愈多

年金累積期　　　　　年金給付期

年金開始給付年齡　　　　　　　　　　110歲

資料來源：各保險公司

給付被保險人一筆金額，直至被保險人身故或是110歲，是真的可以「活到老、領到老」的保險商品。

不過，看到這裡，可能有人會想：「如果我沒有活那麼久，豈不是很不划算？」

其實，大多數保險公司都有提供「保證期間」或「保證金額」：

1. **保證期間：** 若被保險人在保證期間過世，保險公司則會繼續給付年金給受益人，直至保證期間屆滿，或將剩餘年金一次貼現給受益人（詳見圖2）。

一般來說，保證期間有 10 年、15 年、20 年，在給付年金相同的前提下，保證期間愈長，保費就愈貴。舉例來說，A 公司保證期間 10 年、B 公司保證期間 20 年，同樣每年給付年金 50 萬元，A公司每年保費 100 萬元，但 B 公司卻要 150 萬元。

2. 保證金額：指當被保險人死亡時，若已領取的年金給付低於保證金額，保險公司會給付受益人至約定的總額。

精算退休資金水位，再靠年金險補足缺口

年金險讓民眾在退休養老金的準備上，除了公司和政府提供的保障外，還能多一項補足資金缺口的選擇。不過，在購買年金險之前，建議要先思考以下 2 件事：

思考 1》目前距離想要退休的年齡還有多久？

為什麼要思考這個問題？這是因為距離退休時間愈近與距離退休時間愈遠的人，兩者所能承擔的風險屬性和需求都不同，要有「病識感」（詳見名詞解釋）才能對症下藥。

思考 2》退休金缺口還有多少？

每個人對退休後的規畫、需求各有不同，因此需要多少退休金因

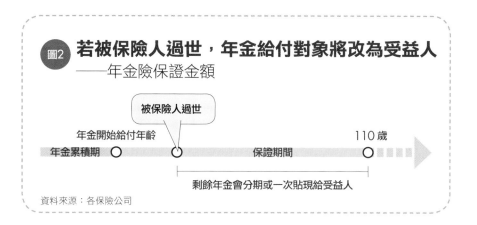

図2 **若被保險人過世，年金給付對象將改為受益人**
——年金險保證金額

被保險人過世

年金開始給付年齡　　　　　　　　　　　　　　110歲

年金累積期　○　　　　　○　　　保證期間　　　　　○

剩餘年金會分期或一次貼現給受益人

資料來源：各保險公司

人而異，不過仍可以透過簡單的計算來加以推估。

　　首先，要計算出自己需要的退休收入。估算自己的退休準備金時，除了必須要考量的退休後生活年數、每月生活費金額之外，別忘了還要考慮未來每年的通貨膨脹率。

　　接著，將自己目前的存款、勞保與勞退等收入全部加總起來，然

💰 名詞解釋

病識感

指患者對於自己健康狀態的知覺能力。患者知道自己生病，也願意配合就醫，才能減少損害、穩定病情。

後再扣除估算出的退休準備金金額即可。兩者相減之後,得出的數字若為正值,代表退休後的財務狀況是平衡的,負值就是代表尚有資金缺口(詳見圖 3)。

因此,如果計算出退休後每月資金缺口還差了 2 萬元,就針對這個額度並評估距離退休的時間,多方考量來挑選適合的年金險補足缺口即可。

確實掌握自己的需求,才不會造成資金的浪費,若是還有多餘資金,則可考慮補強其他醫療保險,或者是進行其他的投資理財。

搞懂年金險給付規則,避免年金金額不如預期

算出自己的退休金缺口與距離退休的時間後,就可以開始挑選年金險了。目前市場上銷售的年金險商品,大致上可以分為「傳統型年金險」、「利率變動型年金險」(簡稱利變型年金險)以及「投資型年金險」(又稱變額型年金險)3 類:

類別 1》傳統型年金險

「傳統型年金險」是台灣最早推出的年金險類型,這類年金險的好處,是保險公司會依照保單上固定的「預定利率」(詳見名詞解

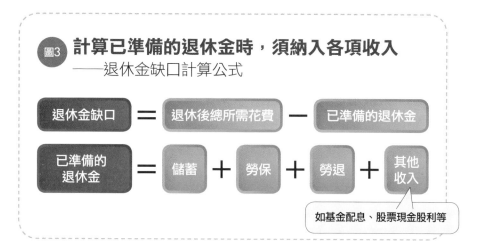

圖3 計算已準備的退休金時，須納入各項收入
——退休金缺口計算公式

退休金缺口 ＝ 退休後總所需花費 － 已準備的退休金

已準備的退休金 ＝ 儲蓄 ＋ 勞保 ＋ 勞退 ＋ 其他收入

如基金配息、股票現金股利等

釋）與「生存率」計算「保單價值準備金」（詳見名詞解釋），無論保險公司投資狀況如何，民眾都可按當初保單的約定，每期領到固定金額的年金（詳見圖4）。

💰 名詞解釋

預定利率

預定利率是保險公司將收到的保費加以運用後，預期可獲得的投資報酬率。此一報酬率與保費呈反比關係，預定利率愈高的保單，保戶所繳保費通常會愈低；反之亦然。

保單價值準備金

保單價值準備金（簡稱保價金，或稱保單帳戶價值）是保戶累積所繳保費在扣除保險公司的必要支出後，存在保險公司中以作為支應未來保險金給付的金額。通常在保單條款上，都會記載該保險年度保單價值準備金的金額。

由於傳統型年金險的利率固定，如果保險公司實際投資報酬率高過預定利率，就會賺到「利差益」；但如果低於預定利率，由於保費固定，不能再向客戶多收錢，就會產生「利差損」。

早期台灣的銀行利率處於高檔，但隨著利率直直落，大多數保險公司為了降低利差損，紛紛停賣高預定利率的年金險保單。而由於現行銀行利率處於低檔，低預定利率保單的保費相對來得貴，與其他金融商品相較起來不具吸引力。

另外，因預定利率固定，若市場利率反轉時，則會有保戶將保險資金流轉出去的風險，因此目前市面上的年金險，以利變型與投資型２類為主。

類別 2》利率變動型年金險

有別於傳統型年金險，「利率變動型年金險」顧名思義就是利率並非固定不變，保險公司會定期公布一個「宣告利率」（詳見名詞解釋），並依此宣告利率決定這張保單的保單價值準備金應該增加多少比率。不過，保險公司不負保證最低宣告利率的責任，但其數值不得為負數（詳見圖 5）。

目前保險公司銷售的利變型年金險，大多採取每次宣告適用 1 年

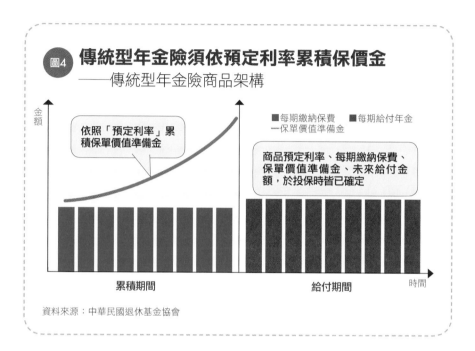

圖4 **傳統型年金險須依預定利率累積保價金**
——傳統型年金險商品架構

金額

依照「預定利率」累積保單價值準備金

■每期繳納保費 ■每期給付年金
─保單價值準備金

商品預定利率、每期繳納保費、保單價值準備金、未來給付金額,於投保時皆已確定

累積期間　　　　　　給付期間　　時間

資料來源:中華民國退休基金協會

的方式居多。舉例來説,今年 7 月小明買了 1 張利變型年金險保單,宣告利率為 2.5%,則未來 1 年(至明年 7 月)都是以 2.5% 來計算保單價值準備金。若保險公司 8 月份宣布調整宣告利率,對小明

💰 **名詞解釋**

宣告利率

宣告利率是保險公司依據 4 大行庫 2 年期定存利率加減碼來訂定的利率水準,再根據實際投資與同業競爭狀況,定期公布的「利率」,是計算保單價值準備金的因子,而非購買年金險保單就可獲得的報酬率。

來說沒有任何影響；但明年 7 月後的適用標準，就要看明年 7 月保險公司是調高或調降，還是維持不變，但一般而言，宣告利率都會比定存利率高。

有鑑於宣告利率不得為負數且比定存利率高，利變型年金險被視為「類定存」保單銷售，深受不少民眾喜愛。然而，大家容易忽略的是，定存若是提前解約，頂多是利息打折，定存本金可全部領回；但利變型年金若提前解約，無法拿回全部保費，也就是說，在契約約定的特定年數內「無法保本」，這是因為年金險本質仍為保險商品，保險公司通常都會在前幾年收取提供保險保障之保險成本與「附加費用」（附加費用公式為「保費 × 附加費用率」）。

通常「附加費用」指的是業務員的佣金與保險公司行政費用等，不論是哪一類年金險商品，都會有附加費用。而保單價值準備金的金額，即是已繳保費扣掉附加費用後，再按照宣告利率去計算出來的，因此當附加費用率愈高，保單價值準備金就愈少。

因此，在挑選利變型年金險時，有 4 個要特別注意的事項（詳見圖 6）：

1. 附加費用率：民眾在選擇利變型年金險商品時，附加費用率的

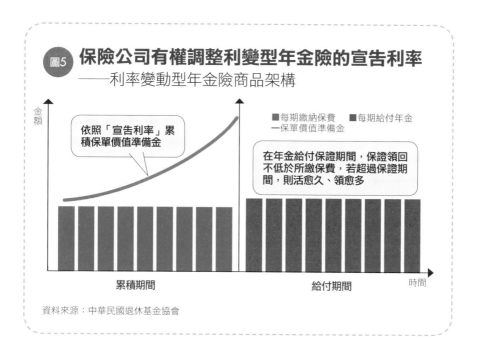

圖5　**保險公司有權調整利變型年金險的宣告利率**
——利率變動型年金險商品架構

金額

■每期繳納保費　■每期給付年金
—保單價值準備金

依照「宣告利率」累積保單價值準備金

在年金給付保證期間,保證領回不低於所繳保費,若超過保證期間,則活愈久、領愈多

累積期間　　　　　　　　給付期間　　　時間

資料來源：中華民國退休基金協會

高低是挑選重點之一。要特別注意的是,有些保險公司可能會標榜不收附加費用,但是其實「羊毛出在羊身上」,這類保險公司給的宣告利率通常就會比較低,例如原本可以提供宣告利率 2.5%,但只會提供 1.5%。

2. **解約費用**：根據金融監督管理委員會(簡稱金管會)規定,民眾購買利變型年金險,若提前解約,每年解約費用至少 1%；此時,保單價值準備金扣除解約費用與附加費用後的金額,通常會低於所

繳總保費。

3. 匯率風險：部分利變型年金險為外幣計價，保險費與保險金等款項給付之幣別均為外幣，購買時應特別注意匯率風險。

投保前，建議民眾要向保險公司索取保單條款樣張，充分了解保險商品內容後，再慎選最適合自己的保險商品。

4. 宣告利率：宣告利率並非保證利率，民眾不宜僅以宣告利率高低作投保考量，應詳細檢視商品保險範圍是否符合自身需求，且購買前也應多比較、參考相關公開資訊。

總結來說，利變型年金險的保單價值準備金，主要是受到宣告利率所影響，投資風險相對較低，收益有可能高過銀行定存，適合風險忍受力較小、準備退休的民眾存放老本，穩健滾存利息。

類別 3》投資型年金險

「投資型年金險」則是依照保戶所選擇連結標的之投資績效計算保單價值準備金，可以連結投資標的有共同基金、ETF、結構型債券、全權委託帳戶等等，其保單帳戶價值會因投資標的之績效變化而有所變動。

圖6 **提前解約利變型年金險，保戶恐會損失本金**
　　──投保利變型年金險注意事項

注意 **1** 附加費用率
附加費用率高低會影響保單價值準備金

注意 **2** 解約費用
提前解約，保戶可能無法保本

注意 **3** 匯率風險
外幣計價保單，保戶須注意匯率風險

注意 **4** 宣告利率
宣告利率並非保證利率，不宜僅以宣告利率高低作為投保考量

　　這類保單的優點是保戶可以享受到投資帶來的較高收益，但相對的，投資風險也要保戶自行承擔，也就是有可能因投資績效不理想而損及本金。不過因應全球退休市場，市場上也發展出「附保證給付投資型保險商品」（詳見圖７）。

　　簡單來說，這種保單就是幫保戶投資「掛保證」，讓保戶能夠擁有一定的保險給付，也因為有掛保證，這類商品的費用會比一般投

資型年金險來得高。目前市場上附保證機制的保單，都是屬於投資型年金險，又可分為 5 種不同的型態：

1. **保證最低身故給付（GMDB）**：提供在一段期間之內（例如年金累積期間），其身故保險金不低於簽單當時與保險公司所約定的金額。

2. **保證最低提領金額（GMWB）**：提供在帳戶累積期間，自一定保單年度起（指在年金累積期中），保戶得以定期提領部分的保單價值準備金，一直到約定年齡或約定年數為止，或約定總提領金額保證不低於某一數額。

3. **保證最低年金金額（GMIB）**：在年金累積期屆滿，並且轉化為年金給付之時，提供被保險人不低於「事前約定保證數額」的年金給付。

4. **保證終生提領給付（GLWB）**：在被保險人生存期間內，每期可以保證提領已約定之保單價值準備金的一定比率，讓被保險人轉嫁其長壽風險。

5. **保證最低累積帳戶價值（GMAB）**：有點類似「保證最低提

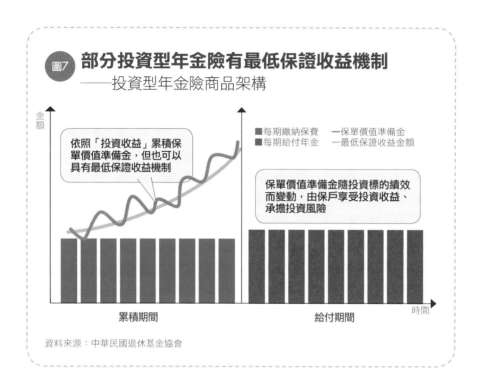

圖7 部分投資型年金險有最低保證收益機制
——投資型年金險商品架構

金額

依照「投資收益」累積保單價值準備金，但也可以具有最低保證收益機制

■每期繳納保費　─保單價值準備金
■每期給付年金　─最低保證收益金額

保單價值準備金隨投資標的績效而變動，由保戶享受投資收益、承擔投資風險

累積期間　　　　　　　給付期間　　時間

資料來源：中華民國退休基金協會

領金額」，這是在約定的年金累積期或屆滿時，保證保戶的保單價值準備金不低於約定金額，或是按照一定的公式計算金額。

　投資型年金險受到投資市場波動起伏的影響比較大，且投資風險由保戶自行承擔，適合風險忍受力大，且距離退休還有一段時間的青年族群，可以利用較長的時間來累積較大的保單價值準備金（詳見表1）。

青年族群風險忍受度大，可考慮投資型年金險
──傳統型vs.利率變動型vs.投資型年金險

項目	傳統型年金險	利率變動型年金險	投資型年金險
依據利率	預定利率（固定）	宣告利率（變動）	連結投資標的之績效（變動）
年金累積方式	保單價值準備金按照預定利率固定累積	保單價值準備金隨宣告利率浮動累積	保單價值準備金與投資標的之報酬率連結，年金金額隨市場行情波動
連結投資標的	無	無	有，常見標的包含： 1. 共同基金或ETF：由民眾自己挑選成投資組合 2. 目標到期債券基金：由投信業者代保戶操作，常見 6 年到期 3. 生命週期基金：由投信業者代保戶操作，至特定年期到期，時間較長
連結標的盈虧	由保險公司負責	由保險公司負責	由保戶承擔
風險程度	最低	中等	最高
適合族群	1. 非常保守的投資人 2. 接近退休年齡，無法承受太大風險的人	風險忍受力較小、準備退休的人	風險忍受力大、距離退休還有一段時間的青年族群

資料來源：各保險公司

考量財務狀況，挑選最有利的年金險給付方式

至於年金的給付，以下針對「給付時間」與「給付方式」來加以說明：

給付時間》即期年金、遞延年金

一般而言，年金險依給付時間之不同，可分為「即期年金」與「遞延年金」（詳見圖8）：

1. **即期年金**：沒有「年金累積期」，民眾躉繳（一次繳）一大筆保費後，保險公司「立即」按期給付年金金額，適合手邊有一筆資金可投入的退休人士（詳見圖9）。

2. **遞延年金**：民眾繳交保險費後，經過一定期間累積保單價值準備金或至特定年齡後，保險公司才開始按期給付年金金額，適合距離退休還有一段時間且具穩定收入的在職人士（詳見圖10）。

分期繳可選擇月繳、季繳、年繳等3種方式，不過，躉繳所領的利息，會比分期繳的利息要來得多。

舉例來說，小明選擇一次躉繳100萬元，小花則是每年繳10萬

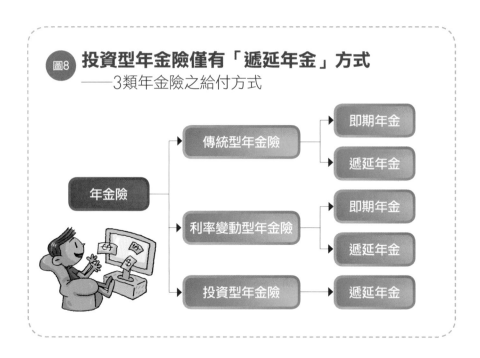

圖8 **投資型年金險僅有「遞延年金」方式**
——3類年金險之給付方式

年金險
- 傳統型年金險
  - 即期年金
  - 遞延年金
- 利率變動型年金險
  - 即期年金
  - 遞延年金
- 投資型年金險
  - 遞延年金

元、共繳 10 年。小明第 1 年就以本金 100 萬元來滾 10 年的利息，而小花只有第 1 年投入的 10 萬元本金可滾 10 年利息，最後一筆 10 萬元只能賺到 1 年利息。

長久累積之下，分期繳的利息會比躉繳的利息少一點，這樣對未來所領的錢當然有所影響，因為本利和愈高，每年可領到的年金就愈多。然而，選擇何種繳費方式為優，還是應該回歸自身的財務狀況來考量（詳見表 2）。

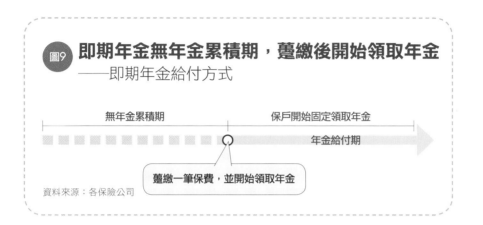

圖9 即期年金無年金累積期，躉繳後開始領取年金
──即期年金給付方式

無年金累積期	保戶開始固定領取年金
	年金給付期

躉繳一筆保費，並開始領取年金

資料來源：各保險公司

由於大多數的人無法一次躉繳一大筆保費，因此，市面上常見的年金險，還是以分期繳費、經過一段年金累積期之後，再由保險公司分批給付的遞延年金為主流商品。

此外，要留意的是，投資型年金險不像傳統型或利變型年金險，可靠預定利率或者是宣告利率來累積保單價值準備金，投資型年金險的保單價值準備金是隨著投資標的績效累積，因此目前主管機關並沒有核准即期型的投資型年金險。

給付方式》一次給付、分期給付

年金累積期滿之後，保險公司會依據累積的保單價值準備金計算年金金額，保戶可以選擇「一次給付」或「分期給付」領取年金：

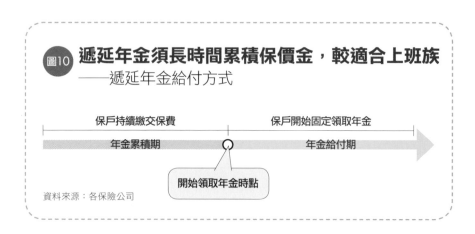

圖10 遞延年金須長時間累積保價金，較適合上班族
——遞延年金給付方式

保戶持續繳交保費　　　　　　　保戶開始固定領取年金

年金累積期　　　　　　　　　　年金給付期

開始領取年金時點

資料來源：各保險公司

1. **一次給付**：保險公司將截至「年金給付開始日」為止的保單價值準備金，一次付給被保險人，契約即終止。

2. **分期給付**：也就是俗稱的「年金化」。保險公司在被保險人「年金給付開始日」之後，分期給付定額年金至被保險人身故，或給付至約定年齡，且多設有保證期間，因此被保險人不用擔心活得不夠久、領得不夠多。

必須注意的是，除了即期年金是採保單上的既定利率去計算，其他非立即給付的遞延年金險，都是在進入年金給付期之時，根據當時的利率來計算保單價值準備金，因此，如果年金化當年度的利率很低，就相對不划算。

表2

若有充裕資金，可考慮立即領錢的即期年金
——即期年金vs.遞延年金

項目	即期年金	遞延年金
繳費方式	躉繳	可選躉繳或分期繳
年金累積期	無	須累積一段時間
年金給付時間	繳交保費後，立即開始領年金	1. 繳交保費一段時間後，例如20年 2. 至特定年齡，例如65歲
年金給付方式	定期給付直至被保險人死亡或110歲	1. 一次給付 2. 定期給付直至被保險人死亡或110歲
適合族群	已退休或高齡、手邊有一整筆資金的族群	青壯年、距離退休仍有一段時間的族群

資料來源：各保險公司

　　舉例來說，小明在 40 歲時，當年度躉繳 100 萬元保費，若宣告利率在投保期間皆為 2.47%，第 6 年的保單年度末，保單價值準備金將累積至 112 萬 3,400 元；若宣告利率在投保期間皆為 2.97%，保單價值準備金則會增至 115 萬 6,700 元。

　　這就是一種不確定性，保戶要承擔宣告利率變動風險，不過，當宣告利率大於預定利率時，保戶每個月或每年，還能額外領到一筆保險公司給付的「增值回饋分享金」。

圖11 **宣告利率較高時，保戶可享有增值回饋分享金**
──增值回饋分享金計算公式

增值回饋分享金 ＝（宣告利率 － 預定利率）× 前一保單年度末的保單價值準備金

　　增值回饋分享金的計算公式為「（宣告利率－預定利率）× 前一保單年度末的保單價值準備金」，因此，當宣告利率與預定利率的差額不變時，保單價值準備金愈多，增值回饋分享金就愈多（詳見圖11）。

　　若是想要每月有穩定的現金流，建議可以選擇「分期給付」領取年金，不過要注意的是，選定分期給付的方式後，就不能中途要求保險公司將剩下的保單價值準備金一次給付；所以，若是在可預見的時間內，確認可能會有大筆資金的需求，也可以規畫將年金一次領回。

　　舉例來說，小明自保險年齡 30 歲時，投保 1 張 6 年期利變型年金險，宣告利率 2.7%，保證期間 20 年，年繳保費 120 萬元，並

約定保險年齡 65 歲時開始支領年金。

　　當小明達 65 歲，也就是年金給付開始日時，若選擇一次領取年金，在假設宣告利率維持 2.7% 不變的情形下，共可領回 2,217 萬 1,284 元；若選擇分期領取年金，每月則可領取 9 萬 2,381 元，保證期間 20 年間，累積領回 2,217 萬 1,440 元。若小明逾保證期間仍生存，保險公司也會持續給付年金，最高至 110 歲止。

2-2 配息基金利息穩定 不怕現金流斷炊

　　「基金」是在全球最被廣為推薦的投資工具，不僅被譽為是最適合小資族、新鮮人入門的投資方式，具有固定配息的基金產品，更是打造退休現金流的一大利器！只要能夠挑對適合自己的產品、紀律投資，退休後就能靠著基金領息過著愜意人生。

基金具4大優勢，適合投資新手入門

　　首先，我們還是先來了解一下「基金」是什麼？投資基金的優勢又是什麼？

　　基金的完整名稱是「共同基金」（Mutual Fund），運作方式是由專業的資產管理機構向一般投資人募集資金來成立一檔共同基金，再由專業的經理人操盤，將資金分散投資於具有獲利潛力、收益的標的（例如股票、債券與期貨等），然後由所有投資人共同分享投

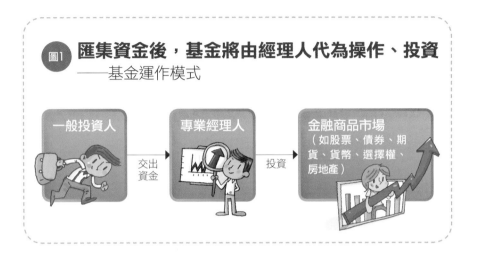

資獲利，或是承擔虧損風險（詳見圖1）。

基金被譽為是最適合作為投資入門的工具，是因為具有以下4大優勢：

優勢1》分散投資風險，小資金也能買進大資產

投資最常見的警語之一，就是「不要把所有的雞蛋都放在同一個籃子裡」，強調分散投資、降低風險的重要性。這個道理不難懂，不過受限於資金規模、投資能力圈，一般人要透過廣泛投資達到降低風險的效果並不容易，往往只能集中在同一種標的或同一類投資範疇，可以分散投資標的的範圍極為有限。

　　但是，利用基金投資就不同了。因為基金是匯集了廣大投資人的資金，使其匯流成一大筆錢，資金規模龐大，就能夠將資金大量分散於數十檔、數百檔，甚至上千檔的投資標的中，充分做到分散投資。如此一來，就算是有部分標的淨值下跌，也不至於會造成整體投資組合太大的衝擊和波動風險。

優勢 2》經理人專業代操，不是專家也能跟著賺

　　金融投資工具有幾百種，每種工具都要求不同的專業，即使是金融專業人才，也不可能樣樣精通，更何況是一般投資人。

　　而對於金融工具的不了解，可能會造成兩種結果：一種就是自己胡亂投資而蒙受損失；另外一種則是因為認為自己不懂或是沒時間研究投資所需的專業知識，而選擇遠離投資市場。

　　透過基金，投資人則可以避免上述結果，因為基金是由基金經理人負責投資，經理人背後更有專業的投資團隊，對金融市場、各種商品的操作進行投資研究、挑選標的、進場時機等，因此一般人就算不會選股、不夠精通投資標的，只要透過基金，仍能讓專業人士代你操作投資各種市場。

優勢 3》投資門檻低，小錢進場也無障礙

表1 ## 基金投資門檻最低僅需1000～3000元
——不同金融投資工具的投資門檻

項目	基金	績優股票	期貨	債券	房地產
投資門檻	定期定額、單筆申購最低大多為3,000元，部分甚至最低只要1,000元	1張績優股票通常要數萬元，甚至數十萬元以上	保證金要求數萬元至數十萬元不等	通常要求數十萬元，甚至上百萬元，且多要求為專業投資人，一般人無法投資	通常須數百萬元，甚至上億元

低 →→→→→→→→→→→ 高

資料來源：各券商、各基金銷售通路

　　不同的投資工具，有不同的資金要求，有些投資工具要求的金額很高，並不是一般投資人能夠輕易達成的門檻，例如某些績優股票、期貨，通常都需要數十萬元的資金才能開始交易，而債券交易甚至需要上百萬元以上才能交易，房地產的交易價格甚至可能達到上億元，這些對一般投資人來說，都是相當高的投資門檻。

　　然而，投資基金，無論是定期定額或是單筆投資，目前多數境內與境外的基金都只需要3,000元即可，讓你就算沒有大錢，也能有參與各種資產的投資機會（詳見表1）。

優勢 4》利用境外基金，在台灣就能買進各國大企業

雖然說進入網路時代後，國際間的金融交易比以往更加頻繁，但若你只是一般投資人，受限於各地法規、資金門檻等條件，要同時參與各個海外市場的交易仍有相當難度。不過，境外基金已經替投資人早一步涉足這些海外市場，大大降低了一般投資人投資海外市場的門檻，透過基金，投資人就可以輕鬆同時投資美國、歐洲、日本等海外市場，成為各大國際企業的股東。

先搞懂投資屬性，再依個人性格挑退休基金

基金雖然具備以上眾多好處，是相當大眾化的投資工具，但市面上有這麼多基金，到底哪一檔才是最適合用來打造退休現金流的好基金呢？在搞清楚這一點之前，必須先弄懂基金的分類和投資屬性，才能夠選出最適合自己的樂活退休基金！

依投資範圍區分》全球型、區域型、單一市場

每一檔基金在成立時，都會設定可投資的區域範圍，並在限定的範圍中布局。一般來說，當可投資的範圍愈廣泛，經理人可選擇的投資標的就愈多，分散投資的效果也愈好，而波動度愈低，投資風險也就愈低；相對地，當投資範圍較為限縮時，經理人可選擇的投資標的就愈少，分散投資的效果也隨之減弱，波動度也會因此提高，

投資範圍愈小，風險波動程度愈高
——基金投資範圍的風險程度

項目	全球型基金	區域型基金	單一市場基金
投資標的數量	最多	次多	最少
風險波動程度	最低	次低	最高
範例	凡是基金名稱有「全球」，則投資範圍即包含全球可投資範圍標的，例如全球價值股票基金	拉丁美洲基金、歐洲基金、東協基金、大中華基金、新興亞洲基金等	台股基金、美股基金、日股基金、陸股基金等

資料來源：各基金公司

投資風險亦隨之增加。

基本上，投資範圍可以分為以下 3 類（詳見表 2）：

1. **全球型基金**：這是投資範圍最廣泛的基金類別，基本上投資範圍涵蓋了全球市場，基金經理人會依據對各市場的前景來判斷資金配置比重；此外，因為全球型基金可投資的範圍非常廣泛，能夠投資的標的也極多，可以分散投資在各地區或各產業上，因此淨值波動較低，投資風險也較低，對於風險承受度較低的投資人而言，全球型基金是相當理想的選擇。

2.**區域型基金**：這類基金專門投資在特定區域內的標的，通常區域設定會是由數個經濟、金融或是地理條件相近的國家、市場所組成，例如拉丁美洲基金、歐洲基金、東協基金與大中華基金等。

相較於全球型基金，區域型基金的投資範圍較小，且同一區域的市場較容易受到相同的政治、經濟等風險因素互相牽動，因此投資風險會比全球型基金要高。

3.**單一市場基金**：單一市場基金多是以單一國家的有價證券作為投資標的，且多為股票型基金，例如「台股基金」就是投資標的皆為在台灣證券交易所上市股票之基金。

這類基金投資範圍比區域型基金更為集中，因此需要承擔單一市場中的政治和經濟風險，易受同樣風險因素影響，投資標的齊漲齊跌的可能性增加，其漲幅、跌幅也都會較前兩類基金更為顯著，意即較前兩類基金所承受的投資風險更高。

依資產類別區分》股票型、債券型、平衡型

除了投資範圍之外，基金類型還可以依照資產類別來區分，不同的投資標的，將會影響基金的預期報酬設定和風險波動度。基本上，報酬與風險相互對應，高報酬來自於高風險，而低風險則是相應較

低的報酬。

1. **股票型基金**：股票型基金是以上市、上櫃股票為投資標的。當一檔基金定位為股票型基金，基本上，其持股比重至少要占整體資產規模的 7 成以上，而當經理人看好股市或是個別標的後市時，甚至會拉高持股比重至 9 成以上，但一般而言，為了因應投資人申購、贖回與基金的流動性，一般股票型基金的持股比重多半會控制在 95% 以下。

要提醒的是，股票型基金若是將投資範圍限制於單一產業上，就是所謂的「產業型基金」，例如能源基金、礦業基金、科技基金、生技基金等。由於相同產業會同步受到景氣循環或是政策調整影響，因此鎖定於單一產業的產業型基金，風險波動度就會較一般股票型基金來得高。當有政策利多或是受惠景氣循環時，產業型基金往往能繳出非常驚人的報酬表現；相對地，當政策不利或是受到景氣衝擊時，產業型基金的虧損也都很嚇人，並且可能會進入相當漫長的修正期。

2. **債券型基金**：顧名思義，債券型基金就是投資於各類型的債券，因為具有穩定配息、固定收益等特色，使其報酬與風險都會較股票型基金來得低。一般可以分為政府公債基金、新興市場債基金、投

成熟國家發行之公債，信評等級高、殖利率較低
——政府公債基金vs.新興市場債基金

項目	政府公債基金	新興市場債基金
代表國家	經濟成熟國家，如美國、日本與德國等	新興市場國家，如阿根廷、巴西、印度、印尼與中國等
信評等級	極高，大多擁有最高信評等級	偏低，依國家財政狀況不同而有所差異，但大多在投資等級下緣或是非投資等級
違約風險	極低	偏高
殖利率	低，10年期公債殖利率大多不及3%	高，可在5%之上，甚至更高
波動程度	低	高

資料來源：各基金公司

資等級債基金、高收益債基金與混和債基金。

政府公債基金，通常都是以成熟國家所發行的公債為投資標的，這類標的因為有成熟國家做擔保，違約風險低、信用評等高，因此債息較低，波動也相對低。

新興市場債基金是投資於新興國家主權債和公司債的基金，由於新興市場的財政體質大多不如成熟國家穩健，因此違約風險比較高，

表4

購買非投資等級債券，須負擔較高的違約風險
——標準普爾、穆迪的債券信用評等

標準普爾信用評等	穆迪信用評等	債券等級	意義
AAA	Aaa	投資等級	信用品質高、違約風險低、相對風險溢酬低、票面利息低
AA	Aa		
A	A		
BBB	Baa		
BB	Ba	非投資等級	信用品質低、違約風險高、相對風險溢酬高、票面利息高
B	B		
C	C		
D	D		

資料來源：標準普爾、穆迪

信評也低於政府公債基金，但是提供的債息也相對要高一點（詳見表3）。

投資等級債基金，則是指投資於信用評等在投資等級以上的公司所發行之債券，相較於非投資等級公司債，投資等級以上公司所發行的債券信用品質較高、違約風險較低。只要在信用評等公司標準普爾（Standard & Poor's）信評 BBB 等級以上、穆迪（Moody's）信評 Baa 等級以上的債券，就屬於投資等級債（詳見表4）。

而在台灣最為人熟知的「高收益債基金」，則是鎖定投資在非投資等級、信用評等較低的公司所發行之債券，非投資等級債券因為違約風險高、信用評等低，因此會付給債券持有人相對高的債息作為風險溢酬。

至於混和債基金，亦稱為複合式債券基金，則是會綜合各種不同類別的債券，由基金經理人根據景氣循環、債券價格、配息條件等因素，適時調整各類債券的投資比重。

3. **平衡型基金**：這類基金可以算是股票型基金和債券型基金的混合體，投資標的並非只限於股票或債券，而是兩類資產兼具，強調以股、債結合的方式，來兼顧資本成長與收益，也因此其風險與報酬亦介於股票型基金與債券型基金之間。

除此之外，近年來市場上出現許多多元資產類別基金，除了股、債之外，還投資於更廣泛的其他標的，亦屬於平衡型基金之一。

可配息的債券型基金，為台灣許多退休族首選

在這些所有的基金類型中，只要能於固定時間配息，都稱為「配息基金」，也是國內許多投資達人喜歡用來打造退休現金流的工具。

股票型基金股息端視公司獲利，較難以預測
——各類型基金收益來源、配息穩定度

項目	股票型基金	債券型基金	平衡型基金	特別股基金
收益來源	資本利得 ＋普通股息	資本利得 ＋債息	資本利得 ＋股息＋債息	資本利得 ＋特別股息
配息穩定度	最不穩定	最穩定	中等	中等

不過，不同基金會有不同的配息來源，也具備不同的風險，因此在投資之前，一定要先清楚商品特性與屬性，才能幫自己打造可長可久的退休現金流（詳見表5）。

股票型基金收益來源》資本利得＋普通股息

股票型基金大多數不配息，但標榜投資於「高股息股票」的股票型基金則會配息，而配息來源就是「資本利得＋普通股息」。

股票型基金的資本利得是靠著低買高賣、賺取股票買賣價差而來，然而這需要仰賴經理人的選股和操盤功力，並不是穩定會有的。

至於股息的部分，由於這類基金著重投資於高股息產品，因此每

年、每季的股息將是主要的配息來源。但是和債息不同的是，公司配發股息的前提是「公司有獲利」，如此一來才有盈餘可分配，若是沒有獲利，則公司很有可能不配息。

另外，隨著獲利起伏狀況，股息亦可能有所調整，並不是會一直都穩定配息的。因此，相較於債券型基金，高股息股票型基金的配息相對不穩定。

債券型基金收益來源》資本利得＋債息

債券型基金的資本利得同樣是透過低買高賣的方式，賺取債券買賣之間的價差，此部分若有獲利，自然會成為債券型基金配息的部分來源。不過，債券型基金要賺取資本利得，需要依靠基金經理人的操作與當時的債券市場環境，一方面經理人需要慧眼獨具、找到價值被低估的債券，另一方面則需要債券市場價格處於相對低點，若是債券價格普遍都已處於相對高點，再厲害的經理人也難以創造資本利得的空間。

因此，資本利得並不是債券型基金穩定的收益來源，「債息」才是。所有債券在發行時，都會有「票面利率」，也就是從發行日開始就會固定配息至到期日，此債息不會隨著公司經營狀況或債券價格變化而有所調整，因此只要債券型基金所買進的債券沒有發生違

約狀況，則該基金就可以固定領到債息，進而分配給投資人。

而如同前文所提及過的，信評等級愈低的債券，因為違約風險較高，因此就會提供較高的票面利率作為風險溢酬，因此若是某檔債券型基金能夠有高配息率，往往就是持有高比率的高風險債券。

平衡型基金收益來源》資本利得＋股息＋債息

平衡型基金，或是多元資產類別基金，因為同時持有股票、債券等多元資產，因此收益來源也會兼具各方，同樣有可能賺取資本利得；而固定收息的來源，則會來自於股息或債息，不過，因其持有的股票或債券比重，是介於股票型基金與債券型基金之間，因此配息的穩定度也會介於這兩者之間。

特別股基金收益來源》資本利得＋特別股息

特別股指的是享有特殊權利的股票（如固定配息），多被視為兼具普通股與債券性質的混和證券。特別股也可以靠著低買高賣來賺取資本利得，但因為特別股大多設有買回條件，公司可以用當初發行價格買回特別股，因此特別股的價格上漲有限，多半難以派過發行價格，也代表資本利得的空間有限。

「股息」則是特別股與普通股最大的差異。不像普通股的股息無

累積型基金的配息會直接再投入基金
——基金配息頻率

配息頻率	代號	說明
累積型	Acc	配息的金額直接再投入，反映在基金淨值內
年配型	Ydis	每年配息 1 次，投資人可實際拿到現金
季配型	Qdis	每季配息 1 次，投資人可實際拿到現金
月配型	Mdis	每月配息 1 次，投資人可實際拿到現金
週配型	Weekly dis	每週配息 1 次，投資人可實際拿到現金

資料來源：各基金公司

法確定是否會配發，特別股在發行時，多半就會約定好固定的股息分配，公司無論賺多、賺少，都會優先分配股息給特別股股東，若有剩餘盈餘再分配給普通股股東，因此在股息分配方面，特別股較普通股穩定。

　　不過，投資人要如何判斷基金配息的頻率呢？這可以直接從基金後方的代號判讀：不會配息的基金為「累積型」（代號為 Acc），而配息基金可分為「年配型」（代號為 Ydis）、「季配型」（代號為 Qdis）和「月配型」（代號為 Mdis），少數公司則還有提供「週配型」（代號為 Weekly dis）（詳見表 6）。

另外，有一些基金標示的方式比較簡單，只有寫出「累積型」或「配息型」等，此時建議投資人可以下載基金的公開說明書以查詢配息頻率。

無論要挑選哪一種配息基金作為退休工具，投資人都一定要多了解其基金的投資範圍、投資標的、配息來源等，並弄清楚其風險、配息狀況，畢竟唯有挑到報酬與風險自己都能夠接受的工具，才能堅持長抱、安心領息。

2-3 用ETF買一籃子股票
降低風險又省成本

近年來，人氣超夯的 ETF ──指數股票型基金（Exchange Traded Funds，簡稱 ETF）也是退休理財的好工具之一。為什麼這麼說呢？在談論 ETF 的優勢之前，我們先來認識 ETF。

ETF 的正式名稱是「指數股票型證券投資信託基金」，簡稱「指數股票型基金」，名稱中有「指數」、「股票」、「基金」，看完還是讓人一頭霧水。但你可以這樣簡單理解：ETF 就是在股票市場中交易的基金。

有別於個股，基金是由「一籃子投資標的」組成的投資組合，而 ETF 亦然，其投資組合中包含許多標的；不過，在交易模式上，基金是由投信公司發行，所以買賣需要透過投信公司完成交易，ETF 則是在股票市場上交易，投資人可以在台股的交易時間內，於集中市場自由買賣。

圖1 ETF交易方式如同股票，投資人可自由買賣
——ETF名稱代表意義

ETF　指數　股票型　基金

指ETF需要追蹤「指數」的特性，投資組合由指數成分股決定

ETF像一般股票一樣，可在集中市場自由買賣

和共同基金一樣，由投信公司發行、管理與「被動」追蹤指數調整投資組合

　而「指數」代表的意義，則是決定了 ETF 的籃子裡到底裝些什麼菜。由投信公司發行的共同基金，是由基金經理人「主動」調整菜色，買什麼投資標的、買多少部位，都由基金經理人決定；而 ETF 雖然也是由投信公司發行、管理，但投資內容是以「指數」決定，並且會依據所追蹤的指數「被動」調整（詳見圖 1）。

ETF不須盯盤、透明度高，深受投資人青睞

　雖然各檔 ETF 在追蹤標的指數的方式不盡相同，但為了使其淨值能夠反映標的指數的價格，因此當指數成分股有調整時，ETF 也會依照各成分股在標的指數中之相對權重進行資產配置。

買進 ETF，其獲利來源和股票相同，主要包含價差以及股利。投資人若要靠價差來獲利，只要選定長期看好的市場，適時停利就能辦到；買進 ETF 後，也不用擔心 ETF 會有一天變成壁紙，因為 ETF 並不是投資單一標的，因此不會有倒閉風險，同時，「一籃子股票」亦達到其分散風險的目的。如果投資人想要知道這一籃子裡有哪些股票，可以利用該檔 ETF 發行公司的網站查詢持股內容，對於投資的掌握度自然就高。

而且，這一籃子裡隨時都有新鮮貨！因為 ETF 的投資組合會隨著追蹤的標的指數調整，指數則會依照當初設定的條件，定期將符合條件、表現佳的公司納入成分股中；相對地，不符合條件、表現較差的公司將被剔除。這樣的調整機制，等於是定期幫投資人「汰弱留強」。

此外，投資人也不用針對單一公司進行研究，因為 ETF 與追蹤的標的指數亦步亦趨，只要研究欲投資指數的市場大趨勢，就能跟著趨勢賺取價差（詳見圖 2）。

如果你是著重現金流的投資人，部分 ETF 也會有配息，這些配息來自 ETF 投資的組合標的，但 ETF 並不會配發股票股利，僅配發現金股利，股票股利則累積在 ETF 的投資組合當中。

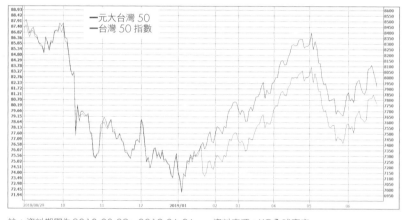

圖2 **ETF與其追蹤的指數表現通常亦步亦趨**
——以元大台灣50（0050）、台灣50指數為例

— 元大台灣 50
— 台灣 50 指數

註：資料期間為2018.08.29～2019.06.26　　資料來源：XQ全球贏家

　　在交易方面，ETF 是在股票的集中市場中買賣，當然就跟買賣股票一樣，只要有證券戶、下載並安裝證券商的交易系統，在開盤時間，你隨時都能透過手機或打電話給營業員下單，端看你喜歡或習慣的方式！同樣地，不管是買進或賣出ETF，都是T＋2日進行交割。

　　唯獨一點與股票交易不同，那就是 ETF 的證券交易稅比股票來得便宜，僅為股票交易的 1／3。在買進、賣出股票時，皆須付出成交金額 0.1425% 的交易手續費（不足 20 元以 20 元計），但賣出

表1 ETF的交易成本比股票來得低
——ETF vs.股票交易手續費、證券交易稅

費用	ETF	股票
交易手續費	買賣時各收取成交金額的 0.1425%，不足 20 元以 20 元計	買賣時各收取成交金額的 0.1425%，不足 20 元以 20 元計
證券交易稅	賣出時收取，為成交金額的 0.1%	賣出時收取，為成交金額的 0.3%

股票時，還多了證券交易稅，為成交金額的 0.3%；而買進、賣出 ETF 時，其交易手續費雖與買賣股票相同，然其證券交易稅僅為成交金額的 0.1%，交易成本較低（詳見表 1）。

解析資產類別、報酬類型，輕鬆掌握ETF特性

截至 2019 年 6 月底，台灣共有約 120 檔 ETF 可以選擇，不過這些 ETF 依照所追蹤指數的投資標的，或是依照反映報酬的方式不同，可以再分門別類。

依資產類別區分》股票型 ETF、債券型 ETF、期貨型 ETF

依照所追蹤指數的投資標的來看，資產類別包羅萬象，常見的有

圖3　**買進ETF，可達到分散投資、降低投資風險目的**
——ETF的6大優勢

ETF
6大優勢

1　分散投資
投資一籃子股票，分散風險

2　透明度高
發行公司會公開持股內容，投資掌握度高

3　汰弱留強
ETF的投資組合會隨著追蹤指數調整

4　參與大盤
免選股，只要研究市場大趨勢，就能跟著盤勢賺錢

5　交易方便
只要在台股開盤時間下單，隨時都能完成交易

6　成本低廉
證券交易稅僅為成交金額的0.1%，是股票的1/3

「股票型 ETF」、「債券型 ETF」與「期貨型 ETF」（詳見圖4）。

　1. **股票型 ETF**：投資標的為股票，可進一步分為全球型、區域型、單一市場型或產業型等。

2. 債券型 ETF：投資標的為債券，可進一步分為公債、新興市場債、投資等級債或高收益債等。

3. 期貨型 ETF：投資期貨契約，以原物料的期貨契約為主。

要特別注意，期貨型 ETF 投資的是「期貨契約」，而期貨契約因為有每月到期結算或轉倉的問題，因此會有一些價差上的成本，雖然投資人買的是 ETF，不須自行轉倉，但實際上，經理人在轉倉時的成本會反映在 ETF 淨值上，所以期貨型 ETF 較不適合長期持有。

若要查詢 ETF 所追蹤的指數，可以利用台灣證券交易所的網站查詢（詳見圖解教學）。

依報酬類型區分》原型 ETF、槓桿型 ETF、反向型 ETF

若依反映報酬的方式來分類，可分為「原型 ETF」、「槓桿型 ETF」與「反向型 ETF」（詳見圖 5）。

1. 原型 ETF：走勢最接近所追蹤的指數。當 ETF 所追蹤的指數上漲 3%，理論上，原型 ETF 也會上漲 3%；反之，當指數下跌 2%，原型 ETF 也會下跌 2%，例如台灣較為熱門的元大台灣 50（0050）、元大高股息（0056），就是屬於原型 ETF。

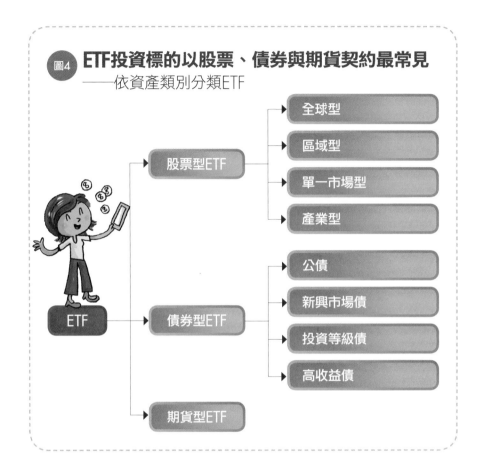

圖4 **ETF投資標的以股票、債券與期貨契約最常見**
——依資產類別分類ETF

- ETF
  - 股票型ETF
    - 全球型
    - 區域型
    - 單一市場型
    - 產業型
  - 債券型ETF
    - 公債
    - 新興市場債
    - 投資等級債
    - 高收益債
  - 期貨型ETF

2. 槓桿型 ETF：這一類是屬於「加倍奉還」的類型，目前台灣僅有 2 倍槓桿型 ETF。當 ETF 所追蹤的指數上漲 2%，槓桿型 ETF 會上漲約 4%，具備以小搏大的槓桿特色；反之，當指數下跌 2%，槓桿型 ETF 會下跌約 4%。

要判斷一檔 ETF 是不是槓桿型 ETF，從名稱就可以知道，只要 ETF 的名稱中出現「正向 2 倍」、「正·2」、「2X」，或是股票代號結尾為「L」者，都是屬於槓桿型 ETF，例如富邦上証正 2（00633L）、FH 香港正 2（00650L）等。

3. 反向型 ETF：反向型 ETF 則是跟追蹤指數「對作」，意即當 ETF 所追蹤的指數下跌，反向型 ETF 會上漲；反之，當指數上漲，反向型 ETF 會下跌。目前台灣只有 1 倍反向型 ETF，舉例來說，當指數下跌 2%，反向型 ETF 會上漲約 2%，當指數上漲 2%，反向型 ETF 會下跌約 2%。

只要 ETF 的名稱中有「反向 1 倍」、「反 1」、「反」，或是股票代號結尾為「R」者，即屬於反向型 ETF，例如富邦日本反 1（00641R）、群益臺灣加權反 1（00686R）等。

不過，因為槓桿型 ETF 與反向型 ETF 有「每日重設」機制，也就是在每日收盤之前，發行商會根據當日標的指數漲跌幅調整基金的曝險位置，以維持固定的槓桿倍數，所以若投資時間超過 1 天，累積報酬率會因為複利效果，而可能和指數產生偏離。

以 2 倍槓桿型 ETF 為例，若標的指數連續 2 天都漲 5%，累積報

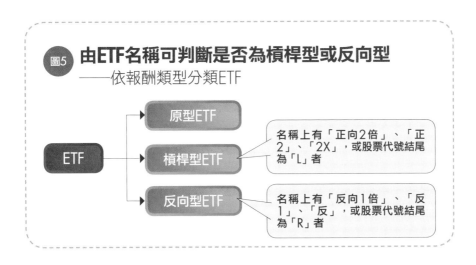

圖5 由ETF名稱可判斷是否為槓桿型或反向型
——依報酬類型分類ETF

ETF

原型ETF

槓桿型ETF — 名稱上有「正向2倍」、「正2」、「2X」，或股票代號結尾為「L」者

反向型ETF — 名稱上有「反向1倍」、「反1」、「反」，或股票代號結尾為「R」者

酬率為 10.25%，理論上，2 倍槓桿型 ETF 的累積報酬率應該是 20.5%（＝10.25%×2 倍），但是因為「每日重設」機制，因此 2 倍槓桿型 ETF 累積報酬率會是 21%；再舉一個例子，若標的指數第 1 天漲 5%、第 2 天跌 5%，標的指數的累積報酬率為 -0.25%，但 2 倍槓桿型 ETF 下跌不是 -0.5%（＝-0.25%×2 倍），而是 -1%（詳見表 2）。

　也因為這樣的特性，槓桿型 ETF 與反向型 ETF 容易產生累積報酬率與追蹤指數累積報酬率偏離的情形，因而不適合長期持有，較適合短期交易的投資人。換言之，若要長期投資，投資人應該選擇原型 ETF 為佳。

善用成交量、折溢價，挑出經濟實惠的ETF

市面上有這麼多檔 ETF，有些 ETF 還追蹤同一個指數，投資人到底要怎麼挑呢？這時可以利用 2 個關鍵數字：「成交量」、「折溢價」。以下就來說明這 2 個關鍵數字：

成交量》避開成交量過低 ETF，減少流動性風險

ETF 畢竟是在公開市場上流通的商品，如果沒有人願意買賣，那麼就會存在流動性風險，投資人很可能會遇到買不到或賣不掉的窘境，又或是價格跳動幅度極大的情況。因此，在挑選 ETF 時，應該要排除成交量過低的標的。

試想，如果投資人今天手上有 10 張股票，但這檔股票每天的交易量只有個位張數，想一口氣賣掉手中持股，市場便會出現賣壓，通常股價表現會受到壓抑，或甚至掛賣單都賣不掉；反之，流動性較佳的股票就比較不會有這種問題。

不過，投資人要如何觀察 ETF 的成交量呢？其實這就跟觀察一般股票的成交量一樣，直接看交易張數即可，又或者是可以觀察其買進、賣出的「最佳 5 檔」之價量變化，也能知悉這檔 ETF 的交投是否熱絡（詳見圖 6）。

表2　**槓桿型、反向型ETF漲跌幅易與指數產生偏離**
　　——以2倍槓桿型ETF為例

◎範例1》標的指數連續2日各上漲5%

	標的指數	2倍槓桿型 ETF
第1日	↑5%	↑10%
第2日	↑5%	↑10%
價格漲跌幅	110.25%（＝（1＋5%）×（1＋5%））	121%（＝（1＋10%）×（1＋10%））
累積報酬率	10.25%（＝110.25%－1）	21%（＝121%－1）

◎範例2》標的指數第1日上漲5%、第2日下跌5%

	標的指數	2倍槓桿型 ETF
第1日	↑5%	↑10%
第2日	↓5%	↓10%
價格漲跌幅	99.75%（＝（1＋5%）×（1－5%））	99%（＝（1＋10%）×（1－10%））
累積報酬率	-0.25%（＝99.75%－1）	-1%（＝99%－1）

資料來源：台灣證券交易所

　　通常流動性較佳的股票，其最佳5檔的報價會具有連續性，且買進跟賣出的報價會僅相差1檔；反之，流動性較差的股票，其最佳5檔的報價通常不具連續性，且買進跟賣出的報價差距較大，導致一有成交，價格跳動就會很劇烈。

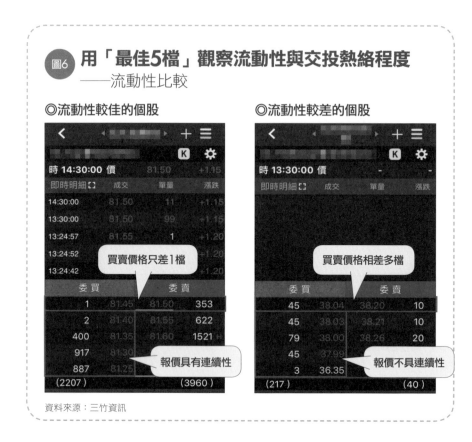

圖6 用「最佳5檔」觀察流動性與交投熱絡程度
——流動性比較

◎流動性較佳的個股

◎流動性較差的個股

買賣價格只差1檔

報價具有連續性

買賣價格相差多檔

報價不具連續性

資料來源：三竹資訊

折溢價》買進被低估的 ETF，有機會賺價差

了解第 2 個關鍵數字「折溢價」之前，我們要先了解「淨值」跟「市價」的差異。ETF 就跟基金一樣，在追蹤標的指數的變化時會產生「淨值」，這是從基金的總資產價值算出來的，代表的是每一單位，也就是每一股的真實價值。但淨值並不是投資人在市場上交易的價

淨值為ETF真實價值，但買賣採「市價」交易
——淨值、市價定義

淨值 | 每單位淨資產價值

市價 | 市場上的買賣價格

格，我們在買賣時，是用「市價」交易（詳見圖7）。

在一般的狀況下，ETF的淨值跟市價應該很接近，但仍會有些許差異，而淨值跟市價之間的落差，就稱為「折溢價」（詳見圖8）。

1.折價：當淨值大於市價，稱為「折價」，可以想成「原本價值較高的東西被『打折』交易」。舉例來說，某檔ETF的淨值為100元，但現在市價為98元，即為折價。

2.溢價：當淨值小於市價，稱為「溢價」，「溢」這個字本來就有「充滿、過度」之意，所以可以想成「原本價值較低的東西被『高價』交易」。舉例來說，某檔ETF的淨值為100元，但現在市價為102元，即為溢價。

圖8 **當ETF價值被錯估時，就會產生折溢價**
——折溢價定義

◎折價

| 淨值＞市價 | 例：某檔ETF淨值為100元，市價為98元 |

◎溢價

| 淨值＜市價 | 例：某檔ETF淨值為100元，市價為102元 |

什麼狀況下會產生折溢價呢？如果投資人看好這檔 ETF，使得買進意願大於賣出意願，在追價的情況下就可能會產生溢價；不過，當投資人過度追捧，使得市價大幅超過 ETF 的淨值時，溢價過多，後續就算淨值增加，恐怕市價也無力再反映向上。因此，看到溢價的 ETF，我們只能判斷現在「買進力道大於賣出力道」，是否值得追價買入，則要視後市的情勢判斷。

如果 ETF 出現折價，則能判斷現在「買進力道小於賣出力道」，有可能是投資人看壞後市，大家搶著賣，也有可能是被低估。如果是在被低估的狀況下買進該檔 ETF，當市場「回神」、發現該檔 ETF被低估而開始進場時，投資人就有機會賺到價差！

圖解教學　查詢ETF追蹤的指數、配息情況

STEP 1

要如何確認ETF所追蹤的指數以及是否配息呢？投資人可以利用「台灣證券交易所」網站（www.twse.com.tw）查詢。首先，進入台灣證券交易所網站首頁，選擇❶「產品與服務」項目下的❷「上市證券種類」，接著點選❸「ETF」。

STEP 2

進入下個頁面後，左方欄位會顯示不同類型的ETF，依照欲查詢的ETF類型進行選擇即可。此處以查詢追蹤指數成分股皆在國內的ETF為例，點選❶「國內成分證券ETF」展開選單後，再選擇所要查詢的ETF（此處以❷「元大台灣50」為例）。

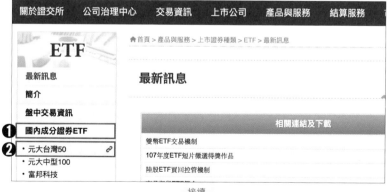

接續
下頁

STEP 3

接著,畫面就會顯示「元大台灣卓越50基金」(即元大台灣50)的詳細資訊,包含❶「證券代號」、❷「標的指數」、❸「收益分配」等,由此可知,元大台灣50這檔ETF的代號為「0050」、所追蹤的指數為「台灣50指數」,且每年6月30日及12月31日後,45個營業日內會配發收益。

如果想進一步了解該檔ETF的資訊,可以下拉網頁繼續閱讀,或是點選上方的粉紅色項目閱讀特定資訊,此處以❹「標的指數資訊」為例。

元大台灣卓越50基金

商品規格　交易資訊　申購買回清單PCF　ETF重大訊息　ETF基金資訊　標的指數資訊❹

商品規格	
名稱	元大台灣卓越50證券投資信託基金
ETF簡稱	元大台灣50
❶ 證券代號	0050
ETF類別	國內成分證券ETF
上市日期	2003年6月30日
基金經理公司	元大證券投資信託股份有限公司
❷ 標的指數	臺灣50指數
追蹤方式	完全複製法
交易單位	1,000受益權單位
交易價格	每受益權單位為準
升降單位	每受益權單位市價未滿50元者為1分;50元以上為5分
升降幅度	同一般股票(10%)
交易時間	同一般股票(上午9時至下午1時30分)
信用交易	上市當日即適用,且融券賣出無平盤以下不得放空限制
證券交易稅	千分之一
交易手續費費率	同上市證券,由證券商訂定,但不得超過千分之一.四二五
管理費	0.32%
保管費	0.035%
申購/贖回方式	實物申購/贖回
申購/買回申報時間	上午9時至下午3時30分
申購/買回基本單位	以500,000受益權單位為基準
❸ 收益分配	每年6月30日及12月31日為收益分配評價日,進行收益分配評價計算,並於收益分配評價後45個營業日內分配。
基金經理公司網站	http://www.yuantaetfs.com

STEP 4

如此一來，頁面會自動移至❶「標的指數資訊」表格，想查看指數編製的相關資訊，再點選❷「指數編製機構網站」即可。

標的指數資訊	
標的指數名稱	臺灣50指數
指數編製機構	臺灣證券交易所與FTSE合作編製
指數編製特色	涵蓋臺灣證券市場中市值前50大之上市公司，代表藍籌股之績效表現
指數編製機構網站	http://www.twse.com.tw/zh/page/products/indices/series.html ❷

❶

資料來源：台灣證券交易所

㉔布局優質公司坐領股利
無痛建構退休金庫

　　想提高退休時的存簿餘額，或退休後每年想有百萬現金流，股票絕對是完成願望的重要拼圖！

　　股票是種有價證券，公司藉由股票將所有權進行分配，並且籌措資金，而買股票的投資人稱為股東，握有公司的股權，也可以分享公司獲利時的利潤。當公司獲利良好，投資人就會競相買入其所有權，造成股價上漲，而原先的股東也可以賣出股票，藉此賺取價差。

　　不過，因為投資股票是把資金放在單一公司，一旦公司表現不好，不僅沒有獲利可以分配，股價還會反映營運狀況而下跌，甚至有可能會變成「壁紙」，所以挑選一家好的公司，才能幫你充實荷包。

　　在股票操作上，投資人可以賺取價差或領取股利，也可以兩者並行。但是，對於忙碌的上班族而言，比較簡單的方式是後者，而且

圖1 公司盈餘的分配方式，可分為配息或配股2種
——現金股利與股票股利差異

年度盈餘
（EPS）

隔年發放
給股東

現金股利→配息
以現金方式發放給股東，投資人會領到現
金，可視為利息的實質收益。當公司盈餘
因應自身投資需求還有剩餘，通常會以現
金股利的方式回饋給股東

股票股利→配股
以股票形式分配給股東，投資人會得到股
票。如果企業為了成長所需，希望將盈餘
留作廠房、設備等投資，就會透過發放股
票股利的方式，以股票取代原本應該分配
給股東的盈餘

退休後，現金流對銀髮族相當重要，因此股利的發放與否、發放多
寡，對於退休生活的準備更是關鍵。

公司每年的獲利，會在隔年分配給投資人

公司在分配利潤時，是將每年的盈餘結算出來，到了隔年，藉由
發放「現金股利」或「股票股利」的方式給予投資人（詳見圖1）。
顧名思義，現金股利就是發放現金，稱為配息；股票股利則是發放

股子，稱為配股，投資人的股數就會增加。有時候，公司會同時配發現金股利與股票股利。

假設某家公司去年的稅後每股盈餘（EPS）為 10 元，今年決定配發每股 8 元的現金股利給股東，現金股利發放率即為 80%（8 元 ÷ 10 元 × 100%），其公式為：每股現金股利 ÷ 稅後每股盈餘 × 100%（詳見圖 2）。

一般來說，全數配發現金股利，特別是將獲利全都發給股東，也就是現金股利發放率極高的公司，表示該公司已經進入成熟期，不需要太多的現金用於資本支出或擴張；如果是配發股票股利或現金股利發放率比較低的公司，表示該公司仍然處於成長期，需要留下現金用於擴廠、添購設備、研發等。

台灣大多數的企業每年只會發放一次股利，少部分的公司，例如台積電（2330），2019 年的獲利改為每季配息。

至於股利應該怎麼計算呢？舉例來說，鴻海（2317）2018 年的稅後每股盈餘為 8.03 元，2019 年配發 2018 年的獲利，每股配發現金股利 4 元。假設投資人有 1 張鴻海的股票，在不計算匯費等成本下，可以拿到 4,000 元的現金股利（詳見圖解教學）。

圖2 **現金股利發放率為公司分配年度盈餘的比率**
——現金股利發放率公式

$$現金股利發放率 = 每股現金股利 / 稅後每股盈餘 \times 100\%$$

假設是配發股票股利 2 元，投資人持有 1 張鴻海股票，則可以拿到 200 股的股子。因為股票的面額為每股 10 元，所以配發 2 元的意思，就是可以另外拿到 2 成的股份，而 1,000 股的股權就可以另外拿到 200 股（詳見圖 3）。

從2指標挖掘穩健型公司，讓資產自然茁壯

如果投資人離退休還有一段時間，可以選擇同時配發現金股利和股票股利的公司，因為公司還在成長期，所以隨著公司獲利愈來愈好，股價也會愈來愈高，而且持有的股數也會隨著公司的配股而不斷放大。股價成長、股數變多，資產自然茁壯。

如果投資人屆齡退休，退休金的準備期較短，則可選擇以配發現

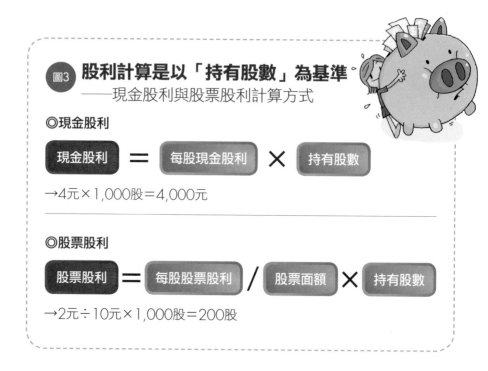

圖3 股利計算是以「持有股數」為基準
——現金股利與股票股利計算方式

◎現金股利

現金股利 ＝ 每股現金股利 × 持有股數

→4元×1,000股＝4,000元

◎股票股利

股票股利 ＝ 每股股票股利 / 股票面額 × 持有股數

→2元÷10元×1,000股＝200股

金股利為主,且現金股利發放率較高的公司,藉此換取穩定的現金流。前文中提過,一家公司能有較高的現金股利發放率,表示已進入成熟期,股價相對來說不易大起大落,資產能維持在一定的水準。

不過,無論是現金股利還是股票股利,公司「營運穩定」是最重要的條件,如果能持續成長則更優,這樣才有辦法年年分紅給股東。因此,「找到穩健的好公司」是存股最重要的基石。而要找到穩健的好公司,可以藉由以下2個指標來篩選:

圖4　若在外流通股數太多，就會稀釋公司每股獲利
——稅後每股盈餘計算公式

稅後每股盈餘　＝　稅後淨利　／　在外流通股數

指標1》近5年EPS皆為正數

財報中的綜合損益表，從營業收入開始，扣除營業成本、營業費用等，計算到最後的結果就是「稅後每股盈餘」，英文為「Earnings Per Share」，簡稱「EPS」，意思是「每一股賺了多少錢」，是以稅後淨利除以在外流通股數所得出來的數字（詳見圖4）。

由於EPS是指每一股賺了多少錢，牽涉到每年的股利水準，因此這個數字當然要愈高愈好，而且最好連續5年維持穩定或成長，因為通常3年會有一個小的景氣循環、7年到10年則是一個大的景氣循環，如果企業經歷過完整的景氣循環後還沒有被淘汰掉，甚至能年年維持穩定獲利，才是一家讓投資人放心的好公司。

指標2》近5年皆有配發現金股利

綜合損益表的會計原則為「應計基礎制」，也就是只要有交易產

生，不論是否同時收到或支付現金，都必須於交易發生時認列，相對於「現金基礎制」，則是在現金收付時才予以記錄（詳見圖 5）。

萬一公司有拿到訂單，但是沒拿到現金怎麼辦？此時，綜合損益表帳上的 EPS 雖然為正數，但是公司恐怕沒有錢可以做任何事情。為了保險起見，投資人應該再去檢視採用「現金基礎制」所編制的現金流量表，當錢真的進到公司才會有現金流。不過，投資人也能用「有沒有發放現金股利」當作判斷依據，畢竟對公司來說，這是貨真價實的現金支出，有錢才能發放現金給股東。

而觀察的指標為「近 5 年皆有配發現金股利」，而且現金股利的穩定性很重要，因此近 5 年的現金股利最好要維持穩定或小幅成長。有時候，公司為了因應資本支出，其中 1 年、2 年的現金股利縮水，尚可接受，但是，一旦連續縮水，甚至出現發不出股利的狀況，投資人就要小心公司投入的資金沒有得到相對應的回報，等於在「燒錢」，此時還不如換股操作，避免公司燒錢燒到你的荷包！

納入2輔助指標挑成長型公司，股利與價差雙賺

穩健的好公司能夠每年配息，提供投資人穩定的現金流，但是，如果你希望的不只是領股利，還要有機會賺到價差，就應該選擇具

圖5 在「現金基礎制」下，只要收付現金都須記錄
——應計基礎制與現金基礎制的差異

◎應計基礎制

> 交易完成，不論是否收到現金，都必須於交易發生時認列

交貨➡

◎現金基礎制

> 不論交貨與否，現金收付時就應予以記錄

交錢➡

有成長性的公司。除了上述 2 個指標之外，投資人可以再利用以下 2 個輔助指標來挑出成長型的公司：

輔助指標 1》近 5 年營收穩定或持續成長

營收，也稱為「營業額」，是綜合損益表的第一個項目，凡是銷

售貨物、供應勞務等,所獲得的收入皆屬於營收。白話一點來説,假設某家咖啡店的一杯咖啡賣 50 元,今天賣出 100 杯,這家咖啡店今天的營收即為 5,000 元(50 元 ×100 杯)。

營收是一間公司營運的基礎,有收入才能聘請員工、購買機器等。當營收增加,自然可以花更多的預算,網羅優秀人才,甚至擴廠,讓公司賺進更多的錢,建構一個良性的循環;反之,當營收下滑,公司的營運前景自然蒙上一層灰。因此,想要找到具有成長性的公司,投資人首先要觀察公司近 5 年的營收表現。不過,營收好不代表公司一定賺錢,必須要搭配接下來的輔助指標 2 一起觀察。

輔助指標 2》近 5 年 3 個「利潤比率」穩定或持續成長

有營收,為什麼不代表公司一定賺錢呢?因為有可能「賣愈多、賠愈多」!舉例來說,一杯咖啡的成本是 10 元,但是販售咖啡要承租店面、聘請員工等,因此平均攤提下來,每杯咖啡的費用要再加上 30 元,也就是説,一杯咖啡起碼要賣到 40 元才能收支平衡。如果老闆沒有精算過這些數字,一杯咖啡只賣 30 元,代表賣 1 杯賠 10 元,賣 10 杯賠 100 元,假設今天營收 3,000 元,表示老闆賣了 100 杯,等於倒貼了 1,000 元。

因此,投資人可以透過以下 3 個「利潤比率」,包含:毛利率、

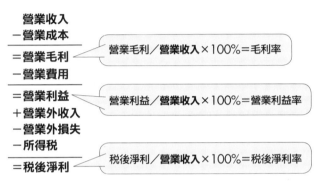

圖6 **以營收為分母，可以計算出3個「利潤比率」**
　　──綜合損益表的基本概念

　　　營業收入
　─營業成本
　──────
　＝營業毛利　←　營業毛利／營業收入×100％＝毛利率
　─營業費用
　──────
　＝營業利益　←　營業利益／營業收入×100％＝營業利益率
　＋營業外收入
　─營業外損失
　─所得稅
　──────
　＝稅後淨利　←　稅後淨利／營業收入×100％＝稅後淨利率

每股盈餘（EPS）
→利用稅後淨利除以在外流通總股數所得的數值，投資人可以藉此得
　知每股獲利狀況

營業利益率，以及稅後淨利率來判斷到底是不是賣愈多、賠愈多的「佛心企業」。而這 3 個數字都是來自於綜合損益表：營業收入扣除營業成本，可以得到毛利；毛利扣除營業費用，得到營業利益；營業利益加計業外損益再扣除所得稅後，就可以算出稅後淨利。而毛利率、營業利益率和稅後淨利率都是以「營業收入」為分母，分別以毛利、營業利益、稅後淨利為分子，所計算出來的利潤比率（詳見圖 6）。

在不考慮衰退的情況下，這2個輔助指標搭配一起檢視，可能會有以下狀況：1.營收持平、3個利潤比率持平；2.營收成長、3個利潤比率持平；3.營收持平、3個利潤比率成長；4.營收成長、3個利潤比率成長（詳見表1）。

成長性最高的，當然是「營收和3個利潤比率都成長」的公司；其次為「營收成長、3個利潤比率持平」和「營收持平、3個利潤比率成長」的公司。如果要找出成長型的公司，上述3種狀況都可以接受，只是成長力道的差異，唯獨「營收和3個利潤比率都持平」的公司比較不具有成長性，只能歸類為穩健型。同樣地，觀察的期間最短為近5年，如此一來才能確保公司能對抗景氣的波動，穩穩成長！

公司發生3大質變或財務轉差，應快速出清持股

要長期持有，不用太在意價格，定期定額買進是最簡單的方法；進階一點，還可以逢低加碼、逢高賣出以降低成本，但重點是，所投資的公司能持續穩定經營，提供股東理想的現金流。然而，長期持有不等於天長地久，如果公司再也無法提供穩健或成長的現金股利，就要考慮全數賣出，尤其發生以下3個「質變」的公司，投資人更要勇敢斷、捨、離：

表1

最好挑選營收與利潤比率皆成長的公司
——用營收和利潤比率判斷公司成長力道

	利潤比率持平	利潤比率成長
營收持平	穩健型公司	一般成長型公司
營收成長	一般成長型公司	高度成長型公司

質變1》產業趨勢轉變

　　產業趨勢的改變就像時代的大齒輪,一旦轉動就很難停止或回頭,反映在企業經營上,就會是以下的劇情:獲利衰退、配息歸零、股價下跌。由於投資人處在當下,趨勢的改變不是馬上可以得知,通常巨人公司倒下的過程,短則半年、長則數年,因此,投資人應該在每次股價下跌時,去判斷利空怎麼來的,如是產業趨勢衰退,通常股價不會馬上崩盤,而是盤整性向下,投資人可以趁股價波動到相對高點時全數出清。產業趨勢通常不可逆,投資人千萬不要心存僥倖。

質變2》護城河的優勢消失

　　城堡的護城河是用來防禦敵人或動物的入侵,對於某些產業來說,也同樣有護城河可以抵抗競爭對手的侵襲。舉例來說,某些產業因

為政策的關係，只有特許幾家廠商能夠營運，所以成為寡占產業，例如原本的「老三台」（即台視、中視、華視）。不過，政府在 1993 年正式開放第四台合法化之後，使得「老三台」的護城河消失。

「老三台」中唯一上市的中視（9928），從 1999 年 8 月上市以來，股價最高點出現在 2000 年，當時每股 69 元。不過，隨著第四台競爭白熱化，中視獲利逐漸衰退。1990 年代，中視的 EPS還有 2 元左右的水準，而 2002 年至 2018 年，只有 1 年為正數，其餘皆為負值，股利政策皆為 0 元、股價也下跌成為雞蛋水餃股。

護城河的消失，通常與法規修改有關，然法規的修改通常不是一夕之間，過程中沒有人能知道走向，因此，保守的做法是賣掉持股，如果投資人想觀望也可以繼續持有，但是絕對不要加碼，最好等到法規確定後再行判斷。

質變 3》對經營者的誠信有疑慮

經營企業最重要的就是誠信，一旦企業爆發誠信問題，投資人難道不會對財務數字存疑，甚至懷疑企業是否真的打算長久經營？因此，每每聽到某某企業的財報可能造假、公司高層涉入弊案，都會造成股價跌得一塌糊塗。

即便不是財務數字出問題，而是公司經營失去誠信，股價也會慢慢反映，例如：2013 年爆發的黑心油事件，使得頂新集團的各項產品均遭到消費者抵制，當時味全（1201）也不例外。1998 年頂新集團靠著購併入主味全，即便黑心油品並非味全所生產，但是，由於經營者已經不被消費者信賴，因此造成味全 2014 年至 2016 年的 EPS 轉為負數，過去穩定的現金配息也宣告終止。

事件未爆發前，投資人很難知情也無法避開，因此，選擇標的時要觀察經營者的誠信，譬如過去是否有不良紀錄。假設是持有後才爆發「黑天鵝事件」，首先要冷靜判斷消息的真偽，如果只是捕風捉影就不予理會，但是暫時也不要加碼；如果覺得事件將延燒而且真實性很高，則盡快出清。

除了質變要出清持股之外，當公司財務數據轉差，也要小心未來配息能力是否會受到影響，投資人可以觀察每月 10 日所公布的月營收，如果連續 6 個月都較去年同期衰退，表示公司在這半年間都無法扭轉營收惡化的窘境，將會進一步拖累其他財務數據，這樣的股票就不是理想的存股標的。

圖解教學　查詢股利政策與現金股利發放率

STEP 1　進入「財報狗」（statementdog.com）首頁，在❶中間的搜尋列輸入想要查詢的股票代號（此處以「鴻海（2317）」為例），輸入後按下❷搜尋圖示。

STEP 2　進入下一個畫面後，點選❶「財務報表」→❷「股利政策」，就能看到鴻海今年的❸配息狀況：現金股利每股4元、股票股利每股0元。

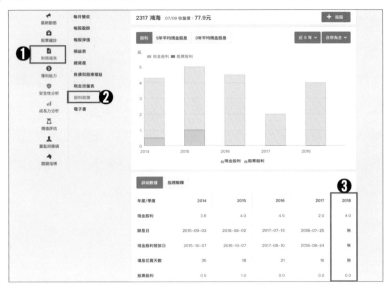

如果要查詢現金股利發放率，則點選❶「獲利能力」→❷「現金股利發放率」，即可查得鴻海今年的現金股利發放率為❸「49.81%」。

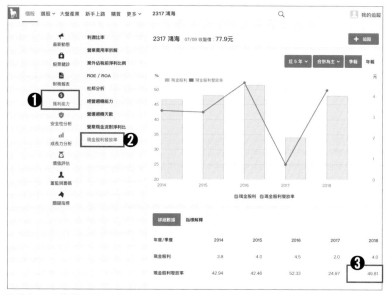

資料來源：財報狗

2-5 善用「以房養老」打造退休生活現金流

　　「有土斯有財」的觀念在東方社會根深柢固，台灣也不例外，許多人拼其一生，只為了買下一間屬於自己的房子。現代的五子登科——銀子、妻子、孩子、房子、車子，也將房子列在其中，甚至很多人認為，結婚生子就一定要買房，沒有房子，就難有妻子與孩子。而這樣的觀念也反映在台灣的房屋自有率上，根據主計總處的統計，從 1990 年之後，房屋自有率都在 8 成以上。

用房子換現金，不用擔心「窮得只剩一間房」

　　但是，要在台灣置產大不易，尤其是雙北市。以 2018 年第 4 季來說，台北市的貸款負擔率為 56.83%、新北市為 48.56%（詳見圖 1），表示每一個購屋的家庭，每個月要攤還的房貸金額，約占可支配所得的 5 成。一半的薪水都拿去繳房貸，好不容易繳完，年紀也大了，手邊的現金沒有剩下多少，只得面對有房沒錢的窘境。

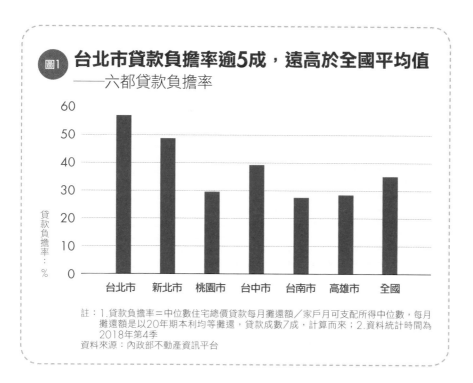

圖1 台北市貸款負擔率逾5成，遠高於全國平均值
——六都貸款負擔率

註：1.貸款負擔率＝中位數住宅總價貸款每月攤還額／家戶月可支配所得中位數，每月
攤還額是以20年期本利均等攤還，貸款成數7成，計算而來；2.資料統計時間為
2018年第4季
資料來源：內政部不動產資訊平台

　　不過，現在不用再擔心老了之後「窮得只剩一間房」，或為了換
取現金而售屋，被迫老來租屋，你可以利用商業型的「以房養老」
來換取現金。而什麼是「以房養老」呢？

　　「以房養老」的全名為「不動產逆向抵押貸款」，由年長者提供
既有的不動產設定抵押權給銀行，而銀行每個月會平均撥付本金，
以作為申請者晚年生活的現金流。

雖然「以房養老」與傳統房貸都是將房屋作為抵押品，但是，傳統房貸是一次性將貸款總額撥付給申請者，然後申請者每月償還本金與利息。簡單來看，前者是從 0 開始累積借款，因為是「每月領錢」；後者從 100 開始償還借款，因為是「每月還錢」（詳見圖 2）。

貸款期滿後可申請延貸，每次期間為3～5年

不過，銀行當然也不是免費給你白花花的銀子，不論借款人是否身故、不論貸款期是否到期，借款人或繼承人都必須償還貸款總額與利息。而針對借款人是否在世與貸款期是否到期，又可以細分以下 2 個狀況。

狀況 1》借款人在世

如果借款人在世，在貸款期未滿前想出售房產，可以利用「自有資金」或「出售房產所獲資金」2 擇 1 還款；如果貸款期滿，可以向銀行申請延長，銀行會重估房屋價值，一旦同意後會繼續撥款，每次延長期間為 3 年～ 5 年；如果借款人未申請延長或銀行不同意延長，則借款人必須清償借款本金與利息，同樣是以「自有資金」或「出售房產所獲資金」2 擇 1 還款。

狀況 2》借款人身故

「以房養老」是每月領錢，而房貸是每月繳本息
——「以房養老」與傳統房屋貸款之差異

◎「以房養老」

❶借款人以名下房地產為抵押品，向銀行提出申請

❷銀行鑑價後，計算貸款總額並且每月提撥貸款本金與利息給借款人

借款人身故或貸款期滿，借款人或繼承人得償還貸款總額及利息

◎傳統房屋貸款

❶借款人以名下房地產為抵押品，向銀行提出申請

❷銀行進行鑑價與貸款成數評估，計算貸款總額借給借款人

❸借款人每月償還貸款本金與利息

房貸償還完畢後，房產歸借款人所有

假使借款人離世，而繼承人選擇拋棄繼承，銀行取得房產後會進行法拍，後續結果與繼承人無關；如果繼承人願意繼承，則要清償借款本金與利息，可以用自有資金償還或向銀行申請新的房屋貸款，用來償還「以房養老」的貸款，然後再分期繳納新房貸，也就是「借新還舊」，最後房屋所有權仍然歸繼承人；如果繼承人打算出售房產，當出售金額小於借款加利息，必須補差額、當出售金額大於借

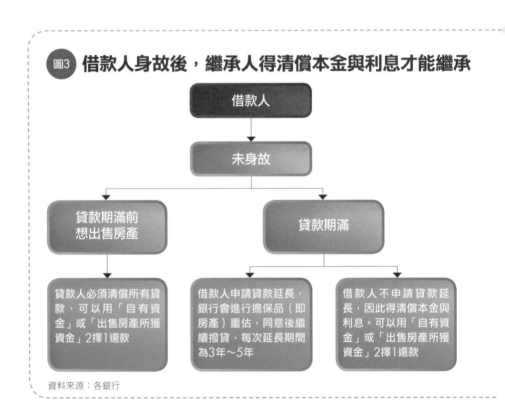

圖3 借款人身故後，繼承人得清償本金與利息才能繼承

借款人

↓

未身故

貸款期滿前想出售房產

貸款期滿

貸款人必須清償所有貸款，可以用「自有資金」或「出售房產所獲資金」2擇1還款

借款人申請貸款延長，銀行會進行擔保品（即房產）重估，同意後繼續撥貸，每次延期期間為3年～5年

借款人不申請貸款延長，因此得清償本金與利息。可以用「自有資金」或「出售房產所獲資金」2擇1還款

資料來源：各銀行

款加利息，繼承人在清償貸款後，可以取回差額（詳見圖3）。不過，提醒一點，雖然每家銀行的制度大同小異，但是會有些許不同。

釐清兩大問題，安心申請「以房養老」

「以房養老」是近幾年才盛行的理財工具，只要順利申請，未來

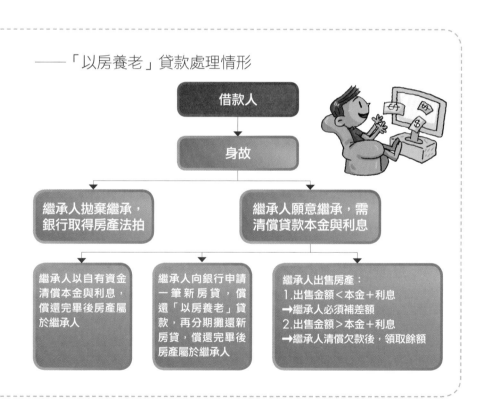

── 「以房養老」貸款處理情形

借款人

身故

繼承人拋棄繼承，銀行取得房產法拍

繼承人願意繼承，需清償貸款本金與利息

繼承人以自有資金清償本金與利息，償還完畢後房產屬於繼承人

繼承人向銀行申請一筆新房貸，償還「以房養老」貸款，再分期攤還新房貸，償還完畢後房產屬於繼承人

繼承人出售房產：
1.出售金額＜本金＋利息
→繼承人必須補差額
2.出售金額＞本金＋利息
→繼承人清償欠款後，領取餘額

每個月可以固定拿到現金流，但是，借款人心中不免存疑，萬一這十幾年間，房價大幅波動該怎麼辦？如果申請前，原先購屋的房屋貸款還沒繳完，又該怎麼算？

問題 1》房價大幅波動怎麼辦？

如果房價大幅波動怎麼辦？跟借款人無關！這也是使用「以房養老」的好處，因為銀行每個月的撥款金額是根據貸款時，房地產的鑑價金額、貸款成數與利率條件計算而得，所以即便未來房價大漲或大跌，都不會影響到每個月的撥款金額。換句話說，申請成功後，每個月可以領到多少錢都算得出來，是穩定的現金流來源。

房價漲跌，唯一影響的是未來清償「以房養老」貸款時，如果決定出售房屋籌措資金，可能會有不足或多餘的金額可以回收。

問題 2》申請前房屋貸款還沒繳完怎麼辦？

申請「以房養老」並不受房屋貸款清償與否的限制，不過，可貸款金額會受到影響，銀行會用「以房養老」最高可貸款金額，扣除剩餘房貸金額，再將差額按月給付給申請人。

舉例來說，假設房屋鑑價為 1,000 萬元，最高貸款成數為 7 成，即為 700 萬元，申請人尚有 200 萬元的房貸未繳納完畢，因此，

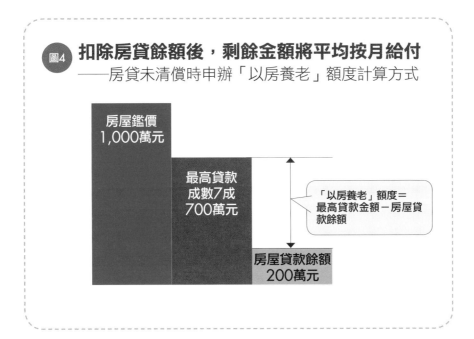

圖4　扣除房貸餘額後，剩餘金額將平均按月給付
——房貸未清償時申辦「以房養老」額度計算方式

房屋鑑價
1,000萬元

最高貸款
成數7成
700萬元

「以房養老」額度＝
最高貸款金額－房屋貸
款餘額

房屋貸款餘額
200萬元

700萬元扣除200萬元後，「以房養老」的額度剩下500萬元（詳見圖4）。在不考慮利息的狀況下，假設貸款年限為30年，則申請人每個月可以拿到1萬3,889元。

年滿55歲即可申請，貸款利率約2%

談完「以房養老」的大致原理後，來看一下「以房養老」的現況。截至2019年第1季，共有13家銀行開辦此業務，總核貸件數為

3,362 件、核貸額度為 184 億元，其中，最早開辦的銀行為合庫銀行，時間為 2015 年 11 月 19 日，核貸件數為 1,331 件、核貸額度達到 79 億 2,600 萬元。

而每家銀行的申請年齡、貸款成數與貸款年限略有不同。目前貸款人最低只要年滿 55 歲就可以申辦，不過，通常都會有「申請人年齡＋貸款年限」不得低於 95 歲的限制，少部分銀行為 90 歲或更低；此外，多數銀行貸款成數最高都是鑑價的 7 成；利息方面，目前 13 家銀行都是採機動利率，大約在 2% 上下（詳見表 1）。

至於利息怎麼攤還呢？多數銀行的設計都是從每月撥付金額中先扣除，然後才撥付給申請人，而利息計算方式為：累積已撥付金額 ×（年利率 ÷12 期），但是，當利息超過申請人每月請領金額的 1/3 時，超過的部分就不再扣除，而是累積到最後，申請人或繼承人清償貸款時，再一次將本金與未償還的利息還清。

舉例來說，假設 65 歲的阿土伯申請「以房養老」貸款，房屋鑑價 1,800 萬元，核貸成數為 7 成，可貸款金額為 1,260 萬元，年期 30 年，平均每個月可撥付 3 萬 5,000 元。

在利率 2.1% 的狀況下，阿土伯第 1 個月可以實拿 3 萬 5,000

表1

13家銀行可辦理「以房養老」，最高可貸8成
——各銀行「以房養老」專案

銀行／專案名稱	申請年齡	貸款成數	貸款年限	貸款利率
合庫銀行 幸福滿袋	年滿 60歲	最高 7成	最長35年	最低2.16%起機動計息
土地銀行 樂活養老	年滿 63歲	最高 7成	最長30年	最低1.86%～2.66%機動計息
臺灣企銀 有家安老PART II	年滿 60歲	最高 7成	最長30年	最低依該行定儲利率指數（月調）加0.77%機動計息
第一銀行 安心貸	年滿 60歲	最高 7成	最長35年	最低1.90%～3.50%機動計息
華南銀行 安養房貸	年滿 63歲	最高 7成	最短7年 最長30年	最低2.53%起機動計息
臺灣銀行 樂活人生安心貸	年滿 65歲	最高 7成	10年期、20年期、30年期	最低1.86%～2.66%機動計息
高雄銀行 悠活人生	年滿 60歲	最高 7成	最長30年	最低2.15%～2.70%機動計息
中國信託 房轉人生	年滿 60歲	最高 7成	最長30年	最低2.1%起機動計息
台新銀行 安居樂齡	年滿 65歲	最高 7成	最長30年	最低1.97%起機動計息
上海商銀 青松來富	年滿 60歲	最高 7成	最長30年	最低2.1%起機動計息
兆豐銀行 歡喜樂活	年滿 60歲	最高 7成	最長30年	最低1.86%機動計息
安泰銀行 美好人生	年滿 55歲	最高 7成	最長30年	最低1.95%起機動計息
陽信銀行 幸福月俸	年滿 65歲	最高 8成	最短7年 最長25年	最低2%～2.5%機動計息

註：1. 彙整日期為2019.07.04；2. 相關條件依各銀行公告為主
資料來源：各銀行

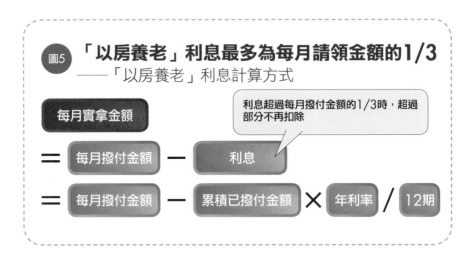

圖5 「以房養老」利息最多為每月請領金額的1/3
——「以房養老」利息計算方式

每月實拿金額

利息超過每月撥付金額的1/3時，超過部分不再扣除

= 每月撥付金額 − 利息

= 每月撥付金額 − 累積已撥付金額 × 年利率 / 12期

元（第 1 個月領到的為第 1 筆本金，因此不需要支付利息）；第 2 個月，銀行會先扣除阿土伯第 1 個月的貸款利息約 61 元（3 萬 5,000 元 ×2.1%÷12），因此會拿到 3 萬 4,939 元；第 3 個月，銀行同樣要先扣除第 1 個月和第 2 個月的貸款利息，才會撥付第 3 個月的貸款給阿土伯，此時累積已撥付金額為 7 萬元，利息為 123 元（7 萬元 ×2.1%÷12），而阿土伯可以拿到 3 萬 4,877 元，接下來就以此類推。

但是，3 萬 5,000 元的 1/3 為 1 萬 1,667 元，因此，當利息超過這個數字時，銀行最多就是扣 1 萬 1,667 元，也就是到了後期，申請人每個月可以領到的最低金額為 2 萬 3,333 元。至於超過的

表2 掛帳利息會逐期累積，且得在期滿後一次繳清
——計算「以房養老」每月實領金額

期數	累積已撥付金額（貸款餘額）（元）	當月利息（元）	當月撥付金額（元）	掛帳利息（元）	實領金額（元）
1	0	0	35,000	0	35,000
2	35,000	61	35,000	0	34,939
3	70,000	123	35,000	0	34,877
4	105,000	184	35,000	0	34,816
191	6,650,000	11,638	35,000	0	23,362
192	6,685,000	11,699	35,000	32	23,333
193	6,720,000	11,760	35,000	93	23,333
194	6,755,000	11,821	35,000	154	23,333

利息，則一路累積到最後再一次清償。

　　以阿土伯的例子來看，在第 192 個月時，前面 191 個月累積已撥付金額為 668 萬 5,000 元，換算下來的利息為 1 萬 1,699 元，已經超過 1 萬 1,667 元，差額為 32 元，因此在第 192 個月時，阿土伯可以拿到 2 萬 3,333 元，而差額 32 元則掛帳（詳見表 2）。

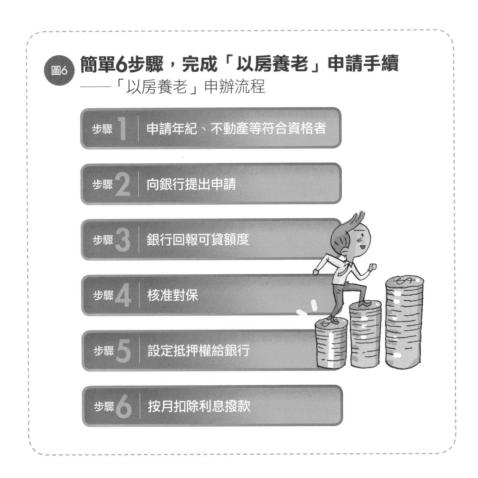

圖6 **簡單6步驟，完成「以房養老」申請手續**
——「以房養老」申辦流程

步驟 **1** | 申請年紀、不動產等符合資格者

步驟 **2** | 向銀行提出申請

步驟 **3** | 銀行回報可貸額度

步驟 **4** | 核准對保

步驟 **5** | 設定抵押權給銀行

步驟 **6** | 按月扣除利息撥款

　　到了第 193 個月時，前面 192 個月累積已撥付金額為 672 萬元，利息為 1 萬 1,760 元，阿土伯還是可以拿到 2 萬 3,333 元，差額 93 元掛帳，並且會和上個月的 32 元累加，後續的掛帳利息一樣以此方式類推。

年長者如果要申辦，只要到有開辦「以房養老」業務的 13 家銀行，填寫申請表，接著銀行就會安排房屋鑑價，並且回報可貸款額度，然後和申請人簽約和對保、設定抵押權，最快 7 個工作天就可以完成手續（詳見圖 6）。

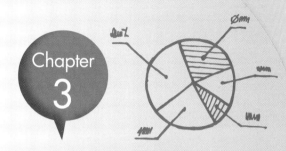

Chapter
3

實戰演練
安享第二人生

3-1 準確計算退休金缺口 才能擬定填補方案

　　一提到準備退休金，各種退休相關調查幾乎都顯示需要準備千萬元以上才足夠支應，聽到這樣的數字，許多人都會嚇傻，心想：「好難啊！」還沒開始著手準備就已先氣餒。

　　其實你不用這麼緊張，因為當我們在工作時，就已經幫自己準備了一大部分的退休金，也就是勞保的老年給付加上勞退的退休金，因此要規畫、準備退休金的第 1 步，應該是先來計算退休時，自己到底可以領到多少來自勞保和勞退的退休金，不足的部分，再想辦法利用投資來補足，你就會發現其實準備退休金沒有想像中這麼困難。

　　就像本書第 1 篇所提及，退休金可以就世界銀行所提出的「三層式老年經濟保障模式」分為 3 部分（又稱為「退休金 3 支柱」），第 1 部分是由政府辦理的強制性社會保險，第 2 部分是由雇主負責

的企業退休金制度，第 3 部分才是個人準備。在台灣，對照第 1 部分的就是「勞保」，第 2 部分企業準備方面則是「勞退」，只要工作時，有確實扣款勞保、勞退，勞工在經歷多年的辛苦工作之後，退休時就可以從這兩方面提領退休金。

勞保》按月領老年年金給付逾8年，較一次領划算

首先，先來了解勞保的退休金制度。勞保退休金來自於勞工在工作時，所繳交的勞保費，基本上每月勞保費繳得愈多、愈久，退休時就能領得愈多，而每個人每月要繳多少勞保費呢？可用以下公式計算：

每月應繳保費＝月投保薪資 × 勞保費率 × 個人負擔比率

透過以上公式可以了解，勞保費用高低，取決於個人薪資水準、勞保費率、個人負擔比率 3 項。

投保勞保時，是依據你的薪資決定投保薪資，薪資愈高，投保薪資就愈高。目前勞保投保薪資共分為 16 個級距（詳見表 1），按你的月薪所落到的級距金額計算保費。最低的月投保薪資為 2 萬 3,100 元，最高則為 4 萬 5,800 元，只要你的月薪資高於 4 萬

3,901 元以上，就適用於最高投保薪資。

其次，勞保費率的部分，2019 年勞保費率為 11%（包含 1% 的就業保險費率），根據現行法規，勞保費率每 2 年調升 0.5%，直至 13% 的上限為止，而上限預計將在 2027 年達到。

保費個人負擔比率的部分，則可以分為在一般企業投保的勞工，以及無一定雇主或是在職業公會投保者。前者的個人負擔比率為 20%，其餘則由雇主負擔 70%、政府負擔 10%；若是後者，則個人負擔比率拉高至 60%、政府負擔 40%。

要點 1》1962 年之後出生者，須待 65 歲才能請領

在工作時繳了勞保費，等到退休時，勞工就可以申請勞保的老年給付作為退休金。但要達到什麼條件才能申請老年給付呢？領取的方式又有哪些呢？

從 2009 年 1 月 1 日勞保實施年金制後，若想申請勞保老年給付，首先，你要達到法定請領年齡才能申請，而法定請領年齡自 1999 年勞保年金實施以來，逐步提高，2017 年之前只要年滿 60 歲即可申請勞保老年給付，但 2018 年後每 2 年將法定請領年齡提高 1 歲，至 2026 年則將提高至須年滿 65 歲才能請領勞保老年給付。

薬1

薪資愈高，投保薪資就愈高
——勞工保險投保薪資分級表

投保薪資等級	月薪資總額（元）	月投保薪資（元）
第 1 級	23,100 以下	23,100
第 2 級	23,101 ~ 24,000	24,000
第 3 級	24,001 ~ 25,200	25,200
第 4 級	25,201 ~ 26,400	26,400
第 5 級	26,401 ~ 27,600	27,600
第 6 級	27,601 ~ 28,800	28,800
第 7 級	28,801 ~ 30,300	30,300
第 8 級	30,301 ~ 31,800	31,800
第 9 級	31,801 ~ 33,300	33,300
第 10 級	33,301 ~ 34,800	34,800
第 11 級	34,801 ~ 36,300	36,300
第 12 級	36,301 ~ 38,200	38,200
第 13 級	38,201 ~ 40,100	40,100
第 14 級	40,101 ~ 42,000	42,000
第 15 級	42,001 ~ 43,900	43,900
第 16 級	43,901 以上	45,800

註：本表 2019.01.01 起適用　　資料來源：勞動部勞工保險局

　　依此推算，若你在 1957 年以前出生，則你年滿 60 歲就可以申請勞保老年給付（詳見表 2），但你若是在 1962 年以後出生，則你需要等到年滿 65 歲才能申請勞保老年給付，也就是 2027 年以

表2 1962年之後出生者須等65歲才能請領老年給付

項目／出生年	1957 年（含）以前	1958 年	1959 年
法定請領勞保老年給付年齡	60 歲	61 歲	62 歲
可開始請領勞保老年給付年份	2009 ～ 2017 年	2019 年	2021 年

資料來源：勞動部勞工保險局

後才可以申請勞保老年給付。

要點 2》依請領條件有 3 種勞保給付方式

當前勞保的老年給付分為「老年年金給付」和「老年一次金給付」，這 2 種給付方式的差別以勞保年資 15 年為界，勞保年資滿 15 年以上者，才可以申請老年年金給付，領到死亡為止；若勞保年資不滿 15 年，亦可以計算加計國民年金年資是否滿 15 年，有的話，到 65 歲時，亦可以請領老年年金給付；但若都沒有的話，就只能領一次金。

如果被保險人在勞保年金制實施（也就是 2009.01.01）前就曾參加過勞保的話，只要符合規定，也可以改選一次請領老年給付，即再多一種選擇方式（詳見表 3）。

──老年給付請領年齡

1960 年	1961 年	1962 年（含）以後
63 歲	64 歲	65 歲
2023 年	2025 年	2027 年（含）以後

要點 3》按月領老年年金給付較能抗衡長壽風險

至於在選擇老年給付方式時，究竟該選擇一次拿完還是按月領取比較划算呢？

根據勞動部勞工保險局表示，一般來說，若領取老年年金給付只要按月領約 6 ～ 8 年，總金額就會高於一次領，因此，選擇按月領取年金通常會更有利，且更能夠抗衡長壽風險，畢竟活多久領多久。不過，當然還是要根據個人當時的身體狀況、經濟狀況以及試算金額來評估（詳見圖解教學❶）。

另外，在老年年金給付方面，還分有「展延年金」以及「減額年金」。所謂的「展延年金」，就是指達到請領年齡之後，仍繼續工作，保險年資不中斷，就可延後請領老年年金。只要每延後 1 年，

表3 2009年1月1日前就參加勞保者，給付方式選項有3種

	老年年金給付	老年一次金給付	
適用對象	所有勞工適用	2009.01.01 之後有勞保資格者	
請領條件	1. 年滿請領年齡，而且勞保年資達到 15 年 2. 擔任具危險或需要堅強體力等特殊性質工作合計滿 15 年，年滿 55 歲者 3. 勞保年資雖不滿 15 年，但是加計國保年資達 15 年，亦可在滿 65 歲時，申請老年年金給付	年滿請領年齡，但保險年資未滿 15 年	
年資計算	無上限，做多少算多少，年資未滿 1 年者，依實際加保月數按比率計算，若未滿 30 日者，則以 1 個月計算	保險年資合計每滿 1 年，按其平均月投保薪資發給 1 個月。保險年資未滿 1 年的部分，依實際加保月數按比率計算；未滿 30 日者，以 1 個月計算。超過 60 歲以後之保險年資，最多以 5 年計	
計算公式	從以下兩個公式擇優發放： 1. 給付金額＝保險年資 × 最高 60 個月的平均月投保薪資 ×0.775%＋3,000 元 2. 給付金額＝保險年資 × 最高 60 個月的平均月投保薪資 ×1.55%	給付金額＝最高 60 個月的平均月投保薪資 × 給付月數	

註：1. 參加保險未滿 5 年者，按其實際投保年資的平均月投保薪資計算；2. 平均月投保薪資，按退保當月起前 3 年之實際月投保薪資平均計算。參加保險未滿 3 年者，按其實際投保年資的平均月投保薪資計算

給付金額就可以增加 4%，最高上限則到 20%；至於「減額年金」則是比請領年齡提早退休，每提早 1 年給付就減少 4%，最多減少 20%，也就是最早只能提早 5 年請領，而結付金額會被打 8 折。

——勞保給付方式

一次請領老年給付
2009.01.01 前就有勞保資格者
1. 勞保年資滿 1 年，男性年滿 60 歲、女性年滿 55 歲 2. 勞保年資滿 15 年，年滿 55 歲 3. 勞保年資滿 25 年，年滿 50 歲 4. 在同一投保單位的勞保年資合計滿 25 年 5. 擔任具有危險、堅強體力等特殊性質之工作合計滿 5 年，年滿 55 歲
1. 保險年資合計每滿 1 年，就按照其平均月投保薪資發給 1 個月；保險年資超過 15 年者，超過 1 年每滿 1 年發給 2 個月，最高以 45 個月為限 2. 若是超過 60 歲仍繼續工作，超過 60 歲以後的保險年資可繼續計算，但最多計算 5 年，合併 60 歲前的一次請領老年給付，最高 50 個月為限 3. 保險年資不滿 1 年的部分，按照實際加保月數按比率計算，未滿 30 日者，則以一個月計算
給付金額＝近 3 年平均月投保薪資 × 給付月數

資料來源：勞動部勞工保險局

　　以不計提早或是展延領取年金，簡易粗略估算，假設一個人若自 25 歲開始工作，工作 40 年後，在 65 歲退休，就算是終其一生薪水都是只領 25K（即 2 萬 5,000 元），退休時每月也可以從勞保

領到 1 萬 5,624 元收入（詳見表 4）。而若是薪資更高的人，自然可以領得更多，若是你可以有 5 年的薪資水準達到最高月投保薪資 4 萬 5,800 元，則你工作滿 40 年後、65 歲退休時，就可以每月領到 2 萬 8,396 元的退休金！

勞退》除雇主必須提繳外，員工可再自行提撥

確認完勞保之後，接下來就是「勞退」的部分了。相比於勞保，勞退又是什麼呢？

所謂的勞退制度，是指由雇主或是個人每月提繳月提繳工資到勞工個人的退休金專戶中，然後這些存於個人勞退專戶的資金，將由政府拿去做投資，投資的收益也將累積至個人勞退專戶中，至退休時就可以領取作為退休所用。

要釐清退休時，能從勞退專戶中領到多少錢？要如何才能多領一點？有 2 大要點你要先知道：

要點 1》可以達到節稅效果

根據《勞基法》規定，雇主必須要提撥月提繳工資的 6% 至勞工個人的勞退專戶（詳見圖解教學❷），除此之外，其實勞工自己也

表4 月薪25K，退休每月可領1萬5624元勞保年金
——勞保退休月領金額

工作月薪	退休月領
25K	1 萬 5,624 元
30K	1 萬 8,786 元
35K	2 萬 2,506 元
40K	2 萬 4,862 元
45K 以上	2 萬 8,396 元

註：1.此試算根據假設是自25歲開始工作，勞保年資達40年，並在65歲時申請老年年金給付，未展延亦未提早請領；2.工作月薪是假設工作期間每月所領月薪皆相同
資料來源：勞動部勞工保險局

可以決定要不要自行提撥，若要提撥的話，則提撥比率可從 1%～6% 自行決定，也就是所謂的「勞退自提」。

不過，要注意的是，跟勞保一樣，勞退的提撥薪資也並不是你薪資多少，就會直接按薪資比率提撥，而是要依照實際工資對照月提繳工資，再按照比率提撥才正確。目前的勞退月提繳工資分級表分為 11 組共 61 級（詳細分級表可上勞動部勞工保險局網站下載：www.bli.gov.tw/0012959.html），第 1 級為最低 1,500 元，第 61 級最高為 15 萬元，也就是一個人每年最多就是提撥 10 萬8,000 元。

在對照這 61 級的薪資級距時，提繳工資是取上限而非下限，也就是說，雇主幫你提撥的 6% 比率，會比你實際薪資的 6% 要來得多一些，對於勞工來說有利一些。舉例來說，若你的薪資是 4 萬 6,000 元，則你落在 4 萬 5,801 元至 4 萬 8,200 元這個級距之間，對照月提繳工資則是 4 萬 8,200 元。雇主每月需要幫你提撥 2,892 元（＝ 4 萬 8,200 元 ×6%），比你實際工資 4 萬 6,000 元的 6%（即 2,760 元）要高。

關於提繳部分，其實大家最常有疑問的是，既然公司已經有提撥 6% 作為退休金，那麼勞工自己到底還需不需要提撥呢？其實就財務以及退休的角度來看，勞工還是應該要自行提撥，且提撥比率能夠提滿到 6% 是最好的。

這是因為一來勞退自提可享稅負優惠。無論是提撥 1% 或是 6%，只要是提撥的部分都可以從當年度的所得中全額扣繳，不必計入個人所得繳納個人綜合所得稅。而這筆累積資金，可以遞延到領退休金時才有可能被課稅，且還有很高的機率不被課稅！

怎麼說呢？目前退休金（退職所得）享有很高的免稅額，若是一次領取退休金的話，只要你所領金額低於「18 萬元 × 工作年資」就無須課稅。換句話說，以 40 年的退職服務年資來算，你必須要

一次領取超過 720 萬元，才需要課稅。就算退休金超過這個上限，但只要未達「36 萬 2,000 元 × 工作年資」標準，超過的部分亦只有 1/2 金額需要課稅，唯有退休金超過「36 萬 2,000 元 × 工作年資」的部分才需要全額課稅。

若是選擇分期領取退休金，則是全年領取總額超過 78 萬 1,000 元的部分才要被課稅，也就是每月領 6 萬 5,000 元以上的退休金才會被課到稅。

許多人會覺得利用勞退自提來節稅是有錢人才需要考慮的，但其實不然，其實所有人，只要你需要繳稅，無論稅率是 5% 或是 40%，全都會有節稅的效果（詳見圖 1）。

要點 2》可提高所得替代率

除了節稅效果之外，如果能夠自行提撥退休金，也會有強制儲蓄的效果，幫助平時沒有儲蓄或是投資習慣的人準備退休金，等到退休時就能大大提高所得替代率的效果。若是能夠從年輕就自提 6%，加上雇主提撥的 6%，總提撥比率便達到 12%。千萬不要小看這 6% 的差距，經過長年累積、複利後所能創造的投資效益。

根據勞動部勞工保險局的勞工個人退休金試算表，若是以月薪 5

萬元、每年個人退休金投資報酬率 3% 計算，以自行提撥 6% 為例，工作 40 年之後，若分 20 年領取退休金，每月可領 3 萬 812 元，所得替代率高達 61%；相較之下，若是不自提，僅靠公司提撥 6% 退休金，則同樣條件之下，退休時每月只能領 1 萬 5,406 元，所得替代率僅只有 30%。

放在勞退專戶的資金，政府會再拿去投資累積收益，但是許多投資人也會擔心，若是政府投資效益太差，甚至是賠錢的話，會不會把勞退專戶中，勞工的老本都賠光了？這個問題其實並不用擔心，因為根據法規規定，勞退基金就算是投資績效不理想，甚至比定存還差，勞退專戶也有 2 年期定期存款利率的最低保證收益。也就是說，就算有的時候投資績效低於定存利率水準，也會由國庫補足差額。以 2019 年 7 月來說，每年最低保證收益率是 1.0541%（詳見表 5）。而就目前新制勞退基金的操作績效來看，根據勞動部公布的數據來看，自 2005 年 7 月至 2018 年底為止，平均收益率為 2.8%。

勞工退休金的請領方式分為兩種：一次請領和月領，這兩種方式都是年滿 60 歲後才可以請領，但差別在於若是工作年資不到 15 年的人，則退休時只能選擇一次請領，但若工作年資在 15 年以上者，則可以在一次請領和月領中 2 選 1。

自提勞退金，具有節稅效果
　　——以每月自提6%勞退金為例

阿俐月薪3萬5,000元，對應月提繳工資表屬於第29級的3萬6,000元，適用個人綜合所得稅率是5%，而大明月薪是6萬元，對應月提繳工資表是屬於第40級的6萬800元，適用個人綜合所得稅率是12%，他們兩人都有自提6%的勞退金。每年他們各因此節省了多少綜合所得稅呢？

 阿俐》
3萬6,000元×6％＝**2,160元**→每月自提提繳金額
2,160元×12個月＝**2萬5,920元**→每年提繳金額
2萬5,920元×5％＝**1,296元**→**可節省綜合所得稅費**

 大明》
6萬800元×6％＝**3,648元**→每月自提提繳金額
3,648元×12個月＝**4萬3,776元**→每年提繳金額
4萬3,776元×12％＝**5,253元**→**可節省綜合所得稅費**

　　至於一次請領跟月領，哪一個比較好呢？基本上，一次請領和月領的總金額差別不大，因為勞退金的月領並不是活到老領到老，只是將勞退金總額根據餘命分配每月領取，但差別只在於若是月領的話，剩下在勞退專戶中的錢還可以繼續滾收益，因此最後領出來的錢會多一些。

　　想要知道依照自己的薪水自提準備，最後可以領到多少退休金，

2019年5月每年最低保證收益率為1.0541%

——新制勞退基金歷年收益率以及保證收益率

年份	收益率（%）	保證收益率（%）
2005 年	1.5261	1.9278
2006 年	1.6215	2.1582
2007 年	0.4206	2.4320
2008 年	-6.0559	2.6494
2009 年	11.8353	0.9200
2010 年	1.5412	1.0476
2011 年	-3.9453	1.3131
2012 年	5.0154	1.3916
2013 年	5.6790	1.3916
2014 年	6.3814	1.3916
2015 年	-0.0932	1.3722
2016 年	3.2303	1.1267
2017 年	7.9314	1.0541
2018 年	-2.0686	1.0541
2019 年 1 月	3.0455	1.0541
2019 年 2 月	4.3202	1.0541
2019 年 3 月	5.4950	1.0541
2019 年 4 月	6.7281	1.0541
2019 年 5 月	5.6842	1.0541

> 就算當2008年金融海嘯時虧損6%，勞退基金仍有保證收益率2.6494%

註：1. 各年度數據皆取至年底資料；2. 資料統計截至 2019 年 5 月底；3. 由於當收益率低於保證收益率時，將以保證收益率來計算績效，反之亦是，而表中紅字代表該年度適用的計算績效收益率

資料來源：勞動部勞動基金運用局

表6 月薪25K，退休後可月領1萬4394元勞退金
——勞退退休月領金額

工作月薪	退休月領
25K	1萬4,394元
30K	1萬7,307元
35K	2萬734元
40K	2萬2,904元
45K	2萬6,160元
50K	2萬8,901元

註：1. 此試算根據假設是自 25 歲開始工作，勞保年資達 40 年，工作期間自提 6% 計算；2. 工作月薪是假設工作期間每月薪資皆相同；3. 預估個人退休金投資報酬率為 2.8%；4. 分 20 年領取
資料來源：勞動部勞工保險局

可以利用勞動部勞工保險局的網頁試算（詳見圖解教學❸）。我們以下就同樣按照工作 40 年，自提 6%，勞退基金投資績效每年 2.8%，分為 20 年領月退金來試算，結果顯示就算你薪水只有 25K，但只要自提有提好提滿，月退也可以領 1 萬 4,394 元（詳見表 6），而若是按照主計總處統計，台灣人近年月薪平均水準約 5 萬元計算，則可以領到 2 萬 8,901 元。

以台灣一般月薪水準來說，只要有自行提撥 6%，屆齡退休時，勞保加上勞退多可領到 3 萬、4 萬元以上，因此只要再利用穩當的投

圖2 **40年後的5萬元購買力等同現今2萬7000多元**
——以5萬元試算每年1.5%通膨下相當於現在多少錢

5萬
4萬3,083
3萬9,993
3萬7,124
3萬4,460
3萬1,988
2萬9,693
2萬7,563

現在　10年後　15年後　20年後　25年後　30年後　35年後　40年後

註：單位為元

資方式，退休後要月領 5 萬元以上其實並不困難，甚至還可以更積極一點投資，讓自己退休後能夠月領 8 萬元、甚至 10 萬元。畢竟，通膨將會逐漸侵蝕你的購買力，未來你退休時領到的 5 萬元購買力將遠不如現在的 5 萬元（詳見圖 2），且退休日期離現在愈遠的人，購買力受通膨影響的程度就愈高，因此利用投資來強化自己的退休現金流是一定要的！

圖解教學❶　勞保老年年金試算

STEP
1

進入勞動部勞工保險局網頁（www.bli.gov.tw），在右方的❶「簡易試算」欄位下拉，點選❷「勞保、就保給付金額試算」。

STEP
2

接著，點選❶「老年年金給付」。

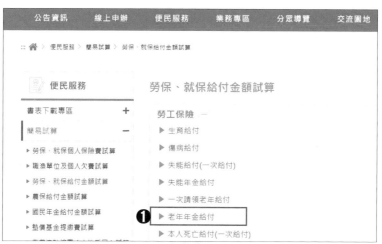

接續
下頁

STEP **3**

輸入你的❶「出生年度」（此處以民國70年為例）、❷「年齡」
（此處以65歲為例）、❸「最高60個月之平均投保薪資」（此處以
4萬5,000元為例），並且輸入❹「參加保險年資」（此處以40年為
例），接著按下❺「試算」，就能在下方看到兩種試算結果，將以❻
數字較高者，作為給付條件。

資料來源：勞動部勞工保險局

圖解教學❷ 個人勞退專戶查詢

進入勞動部勞工保險局e化服務系統首頁（edesk.bli.gov.tw/aa/），
點選❶「個人網路申報及查詢作業」。

備好自然人憑證IC卡以及讀卡機連上電腦，接著輸入❶「自然人憑證
IC卡密碼（pin碼）」、❷「身分證號」、❸「出生日期」後，按下❹
「登入」。

接續
下頁

STEP 3

登入後，選擇左方「勞工退休金個人專戶資料」項下的❶「勞工退休金個人專戶資料核發金額試算」。

STEP 4

你就可以看到❶「雇主提繳收益累計」統計，以及❷歷年來的提撥金額。按下❸「試算退休金核發金額」，就可以在下一頁看到❹提撥的本金跟收益的情況為何。

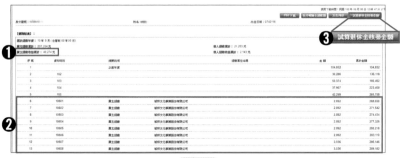

資料來源：勞動部勞工保險局

170

圖解教學❸ 勞退金試算

請利用勞動部勞工保險局提供的網頁（calc.mol.gov.tw/trial/ personal_account_frame.asp）試算。分別輸入❶「個人目前薪資（月）」（此處以3萬元為例）、❷「預估個人退休金投資報酬率（年）」（此處以3%為例）、❸「預估個人薪資成長率（年）」（此處以3%為例）、❹「退休金提繳率（月）」（網頁預設為雇主提撥的6%，假設再自提6%，因此此處以12%為例）、❺「預估選擇新制後之工作年資」（此處以35年為例）、以及❻「預估平均餘命」（此處以20年為例），若還有❼「結清舊制年資移入專戶之退休金至退休時累積本金及收益」亦記得輸入，接著按下❽「試算」。

勞工個人退休金試算表(勞退新制)	
❶ 個人目前薪資（月）：	30000 元
❷ 預估個人退休金投資報酬率（年）：	3 %
❸ 預估個人薪資成長率（年）：	3 %
❹ 退休金提繳率（月）：	12 %
❺ 預估選擇新制後之工作年資：	35 年
❻ 預估平均餘命：	◉20年 ○24年
❼ 結清舊制年資移入專戶之退休金至退休時累積本金及收益：	0 元
❽ 試算　重算　計算明細	
預估可累積退休金及收益：	4,284,547 元
預估每月可領月退休金：	23,703 元

就可以看到❶「預估可累積退休金及收益」，以及❷「預估每月可領月退休金」。

試算　重算　計算明細	
❶ 預估可累積退休金及收益：	4,284,547 元
❷ 預估每月可領月退休金：	23,703 元
預估每月可領月退休金之金額估最後三年平均薪資比例：（所得替代率）	29.781753759941697 %

資料來源：勞動部勞工保險局

171

3-2 打造月領5萬投資工具》 年金險、台股ETF

估算完退休時勞保加上勞退可以領多少之後，剩下的缺口就要靠自己來準備了！若你的勞保老年年金加上勞工退休金，預估每月合計可以有 3 萬～ 4 萬元的水準，那麼想達到退休後月領 5 萬元的目標，你只需要再補足 1 萬～ 2 萬元的現金流缺口即可。

年金險》提供固定現金流，不受市場波動影響

若你的風險承受度低、又不想要花太多時間操作投資標的，只想在退休後每月穩穩領錢，在眾多投資商品中，「年金險」是許多退休專家推薦納入配置的商品。

金管會前主委、政治大學風險管理與保險學系教授王儷玲就多次公開呼籲，年金險是低風險性商品，非常適合納入退休準備投資組合中，能夠提供退休後非常穩定的現金流。

相較其他投資商品，年金險最大的優點，就是在進入退休後的年金給付期，提供的現金流是固定的，不再因市場狀況起伏波動，對於退休後已不再工作、風險承受度降低的退休族來說，是相當令人安心的商品。

如先前的章節所介紹，年金險有分為傳統型年金險、利變型年金險和變額型年金險（又稱投資型年金險）。到底要選擇哪一種年金險來補足現金流缺口？要依照你現在的年紀、手上握有的資產，以及風險承受度來評估：

1. **傳統型年金險**：分為即期與遞延兩種，其中傳統型即期年金險是較主流的商品，最適合已經屆齡退休，手上握有一筆大額資金的族群，透過年金險可以有紀律地轉換成分期、可預估的現金流來利用，具有保本效果，是波動風險最低的產品。然而，其缺點就是繳保費後即開始領年金，準備時間短，保單價值準備金沒辦法有效累積，要達到同樣的年金效果，以躉繳來說所需金額較多（詳見表1）。

對一般還有時間準備退休金的人來說，利變型年金險跟變額型年金險是更為合適的產品。

2. **利變型年金險**：適合離退休還有一段時間、風險承受度偏低的

族群，可以在累積期間放大保單價值準備金，具備保本效果。但由於是以宣告利率累積保單價值準備金，只比定存利率要高一些，資金增值效果有限。

3. 變額型年金險： 適合還有 20 年以上才要退休、風險承受度高的族群，有機會以較低資金累積更高的保單價值準備金。因為變額型年金險會連結投資標的，保單價值準備金取決於投資標的績效，若是投資標的績效好，就可以累積更多保單價值準備金；相對地，若是投資標的下跌，保單價值準備金也會因此減損，也就是說並不保本，有虧損可能。因此，這類保單需要利用較長的時間經歷市場多空循環，來賺取保單價值準備金，不然可能會面臨買進時的市場處於多頭，等到要領取年金時卻進入空頭，保單價值準備金不增反減的尷尬狀況。

決定好要買哪種年金險後，在挑選保單時又有什麼需注意的呢？

1. 附加費用率： 無論是哪一種年金險產品都有附加費用，這筆費用是保險公司營運所需的成本，例如員工薪資、作業成本等等。附加費用率則代表費用占總繳保費的比率，也就是你繳的保費扣掉附加費用後，剩餘資金才會開始累積，或是用來投資，因此若是附加費用率太高，將會侵蝕你的本金。

表1 **年金險累積期愈短，躉繳金額愈高**
——以65歲後月領1萬5000元試算

年金險種類	開始準備退休 年齡（歲）	累積期 （年）	躉繳金額 （元）
傳統型即期年金險	65	0	450萬
利變型年金險	55	10	360萬
利變型年金險	45	20	280萬

註：利變型年金險宣告利率以2.5%計算

台灣理財規劃產業發展促進會理事吳士賢指出，目前市面上的年金險產品，利變型年金險的附加費用率約在 1% ～ 2%，變額型年金險則在 3% 上下。條件若是相同的年金險保單，附加費用率愈低，當然對於保戶愈有利（詳見圖 1）。

2. 宣告利率： 宣告利率則是與利變型年金險最有關。保險公司會將保戶所繳的保費加以投資運用，定期公布「宣告利率」，再依此宣告利率決定保單價值準備金每年應該增加多少比率。

一般人會認為宣告利率愈高愈好，因為這就代表保單價值準備金可以增值得較快。但其實，宣告利率只有要求不得為負利率，但不

是固定不變的，也沒有保證數字，就算保單銷售的當下宣告利率高，之後也可能會調降。因此，與其選擇宣告利率高的保單，倒不如選擇長期宣告利率穩定的保單，而非忽高忽低者。

3. 保險公司的資本適足率（RBC）：年金險是要做長期退休準備的，因此保險公司的財務是否穩健、風險控管是否得宜很重要。

而要確認一間保險公司的財務是否穩健，建議可以觀察資本適足率。一間保險公司的資本適足率應該要在 200% 以上才算可靠，如果資本適足率不及 200%，則代表資本不足，這樣的保險公司不夠穩健。

4. 保證給付年期：當進入年金給付期時，保險公司都會提供「保證給付年期」，一般常見是 5 年、10 年、15 年、20 年，保證保戶在這段期間至少可以拿回總繳保費，也就是說，萬一保戶在年金保證給付年期死亡，則保險公司就會將保證給付年期尚未領取的差額給付給受益人。

而保證給付年期長短，會影響每年年金領取金額的多寡。以同樣的金額來說，保證給付年期長，則每年領取的年金就會較低；保證給付年期短，每年領取的年金就會較高。該選擇多長的保證給付年

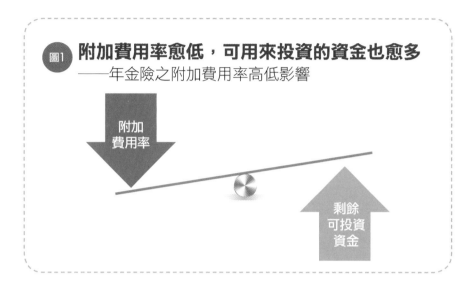

圖1 附加費用率愈低，可用來投資的資金也愈多
——年金險之附加費用率高低影響

附加
費用率

剩餘
可投資
資金

期，還是該看你的退休金缺口所需，以所需的年金給付金額優先。

　　若想靠著年金險在 65 歲退休後可以月領 1 萬元，我們到底應該要準備多少錢呢？吳士賢利用市面上常見的保單條件，分別就宣告利率 2%、投資報酬率 6%，來分別試算利用利變型年金險和變額型年金險每月需投入多少金額。試算結果顯示，若是早在 25 歲就開始購入利變型年金險，每月繳 4,300 元，65 歲進入年金給付期後就可以月領 1 萬元（詳見表 2）；若是利用變額型年金險，則因長期投資報酬率可能更高，月繳金額就可以更低，但同樣要提醒的是，變額型年金險並不保本。

台股ETF》以0050放大資產，以0056領配息

若是你距離退休月領 5 萬元的缺口又更大一點，例如須拉到 2 萬元以上，要利用年金險來補足這個缺口，就需要準備更多的本金，相對就會比較吃力。此時，選擇投資 ETF（指數股票型基金）來補足這個缺口就是不錯的選擇，一來不需要拉高本金的準備，二來所承受的風險也不至於太大。

如前述章節所介紹，ETF 是投資一籃子股票的投資商品，連結市場上數十家甚至數百家公司，能達到分散投資風險；持股標的多，較不易受單一公司波動風險而影響績效，且其投資組合也會隨指數調整，淘汰表現已不符指數要求的個股、納入符合投資條件的公司，等於定時汰弱留強，安全性高。

但什麼樣的 ETF 適合做退休準備呢？有幾個條件需要滿足：1. 原型 ETF；2. 具有長期穩定的配息紀錄，這樣的 ETF 才能抱得久抱得安心，退休後也才能持續領到配息作為現金流。

要如何用 ETF 幫自己創造出可長可久的現金流呢？其實，利用台股中歷史最悠久、最為人熟知的元大台灣 50（0050）和元大高股息（0056）就可以做到！

表2 　**累積期愈長，年金險月繳金額愈低**
──以65歲後月領1萬元試算

類別	買進年金險年齡		
	25 歲	**35 歲**	**45 歲**
利變型年金險	月繳 4,300 元	月繳 6,400 元	月繳 10,600 元
變額型年金險	月繳 2,000 元	月繳 3,300 元	月繳 6,900 元

註：1. 累積期利變型年金險以宣告利率 2% 試算，變額型年金險則以年報酬率 6% 試算；2. 25 歲買變額型年金險之月繳金額，最低下限為 2,000 元

1. **元大台灣 50（0050）**：追蹤台灣 50 指數，會被納入指數的是台股市值最大的 50 家公司，一旦公司市值下滑，跌出 50 名之外就會被此指數剔除。而一間公司要維持龐大市值勢必得持續成長，因此 0050 反映的是大型成長股的競爭表現，同時又因為這 50 檔上市公司的市值總和幾乎占台股市值的 7 成，所以 0050 與台股的連動性極高。

2. **元大高股息（0056）**：追蹤台灣高股息指數，此指數從台灣 50 指數和台灣中型 100 指數共 150 家公司中，由指數公司預測未來 1 年現金股利殖利率最高的 30 家公司作為成分股。因此不同於 0050 的成分股以市值為標準，0056 的成分股最重要的特質就

持有7年後，0050年化報酬率達8.53%
——以2011年最後一個交易日買進1股0050為例

發放年度（年）	現金股利（元）	年均價（元）	年均殖利率（%）
2018	2.90	81.8	3.55
2017	2.40	78.8	3.05
2016	0.85	66.3	1.28
2015	2.00	66.3	3.01
2014	1.55	63.7	2.43
2013	1.35	56.2	2.40
2012	1.85	52.3	3.54
平均	1.84	66.5	2.75
累計	12.90	—	—
總報酬（資本利得＋現金股利，元）	38.59		
年化報酬率（%）	**8.53**		

註：統計時間為 2011.12.30 ～ 2018.12.28
資料來源：GoodInfo! 台灣股市資訊網、XQ 全球贏家

在於高殖利率，而具有高殖利率特色的公司多半手上現金充沛、配息大方，但是成長性相對就較低了。

這兩檔 ETF 在台股上市都已經超過 10 年，亦每年配息。在利用這兩檔 ETF 來打造退休金之前，先來了解這兩檔 ETF 的報酬和配息

持有7年後，0056的年均殖利率達4.66%
——以2011年最後一個交易日買進1股0056為例

發放年度（年）	現金股利（元）	年均價（元）	年均殖利率（%）
2018	1.45	25.8	5.62
2017	0.95	25.2	3.78
2016	1.30	22.9	5.67
2015	1.00	23.1	4.33
2014	1.00	24.3	4.12
2013	0.85	23.5	3.61
2012	1.30	23.7	5.49
平均	1.12	24.1	**4.66**
累計	7.85	—	—
總報酬（資本利得＋現金股利，元）	9.65		
年化報酬率（%）	5.30		

註：統計時間：2011.12.30～2018.12.28
資料來源：GoodInfo! 台灣股市資訊網、XQ 全球贏家

表現。

　　因為 0056 自 2012 年起才穩定配息，因此試算從 2011 年的最後一個交易日以收盤價各買進 1 股 0050 和 0056，並持有至 2018 年最後一個交易日，若將兩者的總報酬率和歷年殖利率相比，

會得到表 3、4 的結果。

由以上結果可知，持有 0050 的年化報酬率較高，但若以現金殖利率的角度來看，0056 則較高，同樣的本金能夠領到較多的配息。

若要利用 0050 和 0056 養出一個退休後可以長期領息的組合可以怎麼做呢？當你還在工作、仍有薪資收入，對於配息需求沒有這麼高的時候，建議可以 0050 為主要標的持續買進，利用 0050 更高的年化報酬率，來加速累積資產。及至接近退休時，再逐漸將累積的資產轉換到 0056，換取更多配息來作為退休生活所需。

以這樣的觀念出發，你就可以開始存 ETF 的退休大計！假設你現年 25 歲，距離 65 歲有 40 年的準備期，可以分為前 20 年以 0050 為主要投資標的，來加速累積資產；後 20 年離退休愈來愈近，則轉換為 0050、0056 各持有一半，提高配息金額；進入退休期後，則都轉為 0056 來領取配息。

若退休後每年目標領息 24 萬元，0056 現金殖利率以 4% 保守估計，則屆時需要備有約 600 萬元的資產買進 0056。而 0050 的年報酬率則以偏低的 8% 保守估算，0050 加上 0056 的投資組合年報酬率則以 6.5% 保守估算，則每月只需要拿出 2,255 元，就

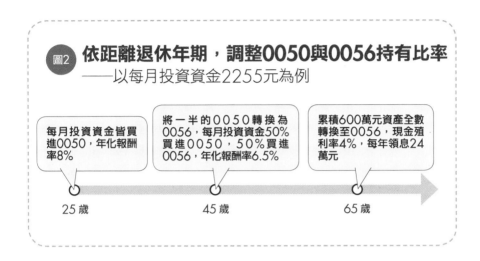

圖2 **依距離退休年期，調整0050與0056持有比率**
——以每月投資資金2255元為例

每月投資資金皆買進0050，年化報酬率8%

將一半的0050轉換為0056，每月投資資金50%買進0050，50%買進0056，年化報酬率6.5%

累積600萬元資產全數轉換至0056，現金殖利率4%，每年領息24萬元

25歲　　　　　45歲　　　　　65歲

能讓你在 65 歲時擁有 600 萬元的資產買進 0056，年領 24 萬元（詳見圖 2）。

　　若是你現年 35 歲，準備期較短只有 30 年，則同樣以前 15 年買 0050，後 15 年建構 0050、0056 各半的投資組合，至 65 歲再全數轉進 0056，則每月投資金額亦只需要拉高至 4,893 元就可以做到！若想要更準確地估算適合自己的每月投資金額，可詳見圖解教學。

圖解教學　用Excel計算每月需投入多少金額至ETF

STEP 1

利用ETF定期定額、分階段轉換標的投資來規畫退休金,若想知道到底每個月應該投入多少錢,只要善用Excel的FV函數以及「目標搜尋」功能,就可以根據設定好的退休金總額,來回推每月定期定額的資金。

首先,在Excel表上建立基本欄位,❶「每月投入金額(PMT)」可先任意填寫金額;全數投資0050的❷「第一階段年報酬率」填入預估值8%;❸「第一階段期數(月)」,若是15年則填180(15×12)。然後利用FV函數計算出❹「第一階段未來值」,也就是填入公式「=FV(B2/12,B3,-B1,0,1)」。

接著,填寫0050、0056持股各半的❺「第二階段年報酬率」(設定為6.5%);❻「第二階段期數(月)」,同樣是15年的話則填180,最後利用FV函數計算❼「第二階段未來值」,填入公式「=FV(B5/12,B6,-B1,-B4,1)」。

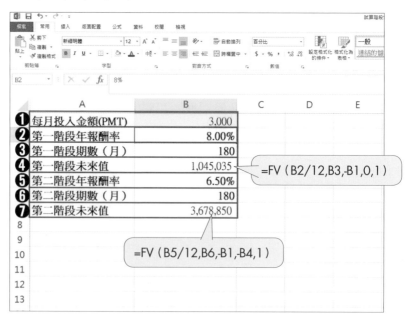

STEP
2

試算表建立好後，在上方工作列上，依序點選❶「資料」、❷「模擬分析」，然後選擇❸「目標搜尋」功能。將❹「目標儲存格」設定為B7，❺「目標值」則填入6000000，然後❻「變數儲存格」設定為B1，按下❼「確定」後，就可以得到正確的❽「每月投入金額（PMT）」估算。

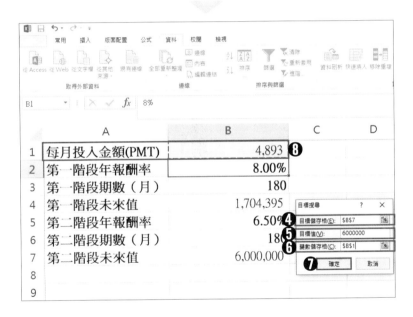

3-3 打造月領8萬投資工具》 配息基金＋股票型基金

　　退休後能夠月領 5 萬元，以現在的生活水準來看的話，已相當令人滿意。但是，千萬不要忘記「通膨」帶來的威脅，隨著時間累積，「未來的 5 萬元」跟「現在的 5 萬元」並不是等號，「未來的 5 萬元」所擁有購買力將大打折扣。就每年 1.5% 的通膨率計算，30 年後的 5 萬元只相當於現在的 3 萬 2,000 元，40 年後的 5 萬元更只剩下 2 萬 7,000 元左右的價值。

　　因此，若你在退休時，想要過著貨真價實每月 5 萬元水準的生活，你勢必在準備退休缺口時要再補足更多的現金流。

　　就 1.5% 的通膨率來計算，在 30 年後若是想過著相當於現在每月 5 萬元的生活水準，則月領金額應該要拉高到將近 8 萬元才行（詳見表 1）。也就是，若你的勞工退休金加上勞保老年年金每月有 4 萬元的水準，則代表你自備的退休金額也應該要拉高到 4 萬元才夠。

表1

30年後的7萬8000元，約等於現值5萬元
——以退休時月領現值5萬元為例

時間	退休時每月應備金額（元）
10 年後	58,027
15 年後	62,512
20 年後	67,343
25 年後	72,547
30 年後	78,154
35 年後	84,194
40 年後	90,701

註：通膨率以每年 1.5% 計算

自籌 4 萬元的現金流缺口，比起 2 萬元高了 1 倍，要滿足這個缺口，代表你要投入更多的本金，或是使用報酬率更高的投資工具，承擔更高一點的投資風險，加速提高資產成長才能達成。

但若是一下子拉高太多的本金負擔不起，又或者轉向使用太高報酬率的投資工具，又難以承受相應的風險。想在本金、報酬率和風險中取得平衡的話，共同基金就是你可以考慮的工具，因共同基金的投資風險低於股票投資，且由專業經理人操盤亦有望創造勝過大盤的報酬。而且共同基金中有可以創造現金流的配息基金，以及可

以創造高報酬的股票基金，只要兩者搭配使用，利用配息基金養股票基金的方式，不僅可以讓現金流持續成長，又可以拉高整體資產成長率，是相當穩健的投資策略。

接下來，我們將一步步從挑基金開始，到實戰操作步驟，帶領讀者了解該如何讓基金成為你退休路上的好幫手。

挑選標的》6條件篩選長期穩定配息基金

我們從挑選能夠讓人每月領息、可以創造現金流的配息基金開始。配息基金琳琅滿目，有各種類型、投資幣別，配息率亦各有高低，這麼多選擇常讓投資人眼花撩亂、不知所措。為了方便投資人挑出適合的配息基金，投資人可用以下條件來篩選，並配合自己的需求挑選適合作為退休規畫的配息基金。除此之外，現在網路上，亦有許多網站提供篩選基金的功能，詳盡的實用方式可參考文末的圖解教學。

1. 配息能夠滿意，波動能夠接受

許多人在挑選配息基金時，首先關注的就是基金的「配息率」。在這個定存利率不到 2% 的低利時代，若一檔基金的配息率能夠達到 10%、甚至 15%，每年就可以帶給投資人超過定存 5 倍、6 倍

以上的報酬，當然非常吸引人。

然而，配息率真的是愈高愈好嗎？那可不一定。因為高配息率來自高報酬，例如投資低信評債券、運用選擇權槓桿操作等等，而高報酬帶來高風險，因此「配息愈高，波動一定愈大」。高配息率帶來的副作用將是淨值的高波動以及配息的不穩定，如果無法承受這樣的副作用，則基金的配息率縱使再高，也不是適合你打造退休現金流的標的，因為這樣的基金你無法抱得安心、抱得長久。

因此挑選配息基金時，你應該自問的是，你能夠接受當市場狀況不好時，淨值大幅下滑、帳上資產明顯縮水的狀況嗎？會不會因此抱不住基金而出場呢？

在基金市場有超過 20 年投資經驗的基金教母蕭碧燕，向來提倡挑選配息基金時，一定要以「配息能夠滿意，波動能夠接受」作為標準來挑選基金。更以麻辣鍋口味比喻當下常見的配息基金，投資人應該要選擇自己可以承受的辣度（詳見表 2），耐不住辣就別硬吃，否則只怕得不償失。

2. 慎選計價幣別，高利貨幣須小心匯損

在台灣，許多基金都發行了不止一種計價幣別，而同一檔基金不

表2 **基金配息愈高，淨值波動也愈大**
——各種類型基金「辣度」表

辣度		基金類別	配息	淨值波動
🌶	微辣	投資等級公司債基金	低	低
🌶🌶	小辣	全球高收益債基金		
🌶🌶🌶	中辣	美元計價新興市場債基金		
🌶🌶🌶🌶	大辣	本地貨幣計價新興市場債基金		
🌶🌶🌶🌶🌶	特辣	高利貨幣之高收益債、新興市場債基金	高	高

資料來源：蕭碧燕

同計價幣別，配息率居然相差了 4、5 個百分點以上，那是不是直接選高配息率的計價幣別基金呢？當然不是！

　　同一種基金採用不同的計價幣別會造成配息率如此大的差異，最主要的原因在於若貨幣是高利貨幣，除了債息之外，還能賺到該貨幣的存款利息。舉例來說，南非幣 1 年期的存款利率大概是 4.5% 左右（詳見表3），基金公司拿到南非幣資金存進銀行，1 年就可以賺到約 4.5% 的利息，再扣除掉借美元投資債券的借貸成本之後，還是能夠增加一些利息收益。而且，若是兩貨幣之間有匯兌收益，亦可以增加報酬。這兩項原因使得南非幣級別的年化配息率可以高

表3

計價幣別存款利率愈高，原幣年化配息率愈高
——以聯博全球高收益債券（穩定月配）基金為例

聯博全球高收益債券（穩定月配）基金計價幣別	原幣年化配息率（％）	計價幣別 1 年期存款利率（％）
南非幣避險級別	12.61	4.50
美元級別	8.76	2.15
澳幣避險級別	8.31	1.35
英鎊避險級別	7.15	0.30

註：統計時間至 2019.07.03；年化配息率是取最近一個配息基準日淨值，並轉換成年化配息率
資料來源：聯博投信、臺灣銀行

於美元。

　　乍看之下，選擇南非幣計價的配息基金，不僅能夠賺取債息，還能夠賺利息，非常有賺頭。但要提醒的是，像南非幣這樣的高利貨幣，匯率波動是非常劇烈的，升值或是貶值幅度都是很驚人的，往往是幾十個百分點的落差（詳見圖 1）。

　　投資配息基金領息，最後都是要換回新台幣使用的。若是升值時，換回的新台幣當然會比較多；但遇上南非幣大幅貶值時，領回的新台幣配息將會因此縮水，配息相對不穩定。

圖1 南非幣匯率波動劇烈，漲跌幅往往超過20%
—— 南非幣匯率走勢

升值26%

貶值20%

貶值29.55%

單位：新台幣元

2015　'16　'17　'18　'19

註：統計時間為2014.07.21～2019.07.03　　資料來源：鉅亨網

3. 看基金總報酬率，判斷配息是否配到本金

選擇配息基金還有一點要注意的是，基金的配息是否來自本金！若是一檔基金配息長久都是來自於本金，相當於拿自己右口袋的錢放進左口袋，長期下來將會侵蝕你的資本。

雖然 2014 年開始，金管會要求基金公司必須要揭露配息基金動用本金的比率，但是若只看這個數據並不夠客觀，原因在於每個人買入的成本不一樣，也因此對於每個人的配息率，或是資本利得、

表4
檢視配息是否動用本金時，須計算買入成本
——以基金每單位淨值9元、配息1.2元為例

項目	阿信	依林
每單位淨值成本（元）	10	8
配息率（%）	12（1.2元/10元）	15（1.2元/8元）
總報酬率（%）	2（（9元+1.2元-10元）/10元×100%）	27.5（（9元+1.2元-8元）/8元）×100%）
是否動用本金	是	否

註：本表為簡單試算，不考慮匯率、手續費

資本利損都不相同，因此單看基金公司所揭露的是否動用本金比率，並不能完整解讀狀況。

　舉例來說，阿信買進一檔配息基金的淨值是 10 元，依林買進的淨值則是 8 元。到了本月底這檔基金的淨值為 9 元，而阿信與依林都拿到了 1.2 元的配息（詳見表 4）。

　對阿信而言，此次配息他就動用了本金，因為本月他有 1 元的資本利損，而 1.2 元的配息相當於其中有 1 元是用來彌補本金的虧損，真正拿到手的配息只有 0.2 元。但對依林而言，目前的淨值已經高

於她的持有成本，拿到手的 1.2 元是貨真價實的配息。

因此，要判斷一檔基金會不會動用到本金，比較簡單的方式，就是看一檔基金的總報酬率，是否高過或是等於配息率。若是總報酬率低於配息率，就代表領到的債券票息或是賺來的資本並不夠配息，是挖本金來滿足配息率了。

4. 大型基金品牌，且台灣有總代理為優先

因為退休規畫是數十年大計，就售後服務角度來說，長期經營的大型基金公司在資源和人力上更充足，投資人若遇到問題也不怕找不到人，較不用擔心手上的基金變成孤兒基金。

5. 基金成立時間最好超過 10 年以上

為退休準備而投資的基金，其績效重點在長期。一檔基金成立的時間要夠久才足以看出，在經歷多次市場波動的挑戰後，例如科技泡沫、金融海嘯、歐債危機等等，是否還能打敗指標指數，或是位於同組別的前段班，如此也才能看出經理人的操盤實力是否穩健。因此，最好選擇成立超過 10 年以上的基金，且中長期績效穩定。

6. 基金規模夠大、持有標的超過 100 檔以上

當一檔基金規模夠大、資金充足，就可以持有更多債券種類與檔

數，利用大數法則就能有效分散風險，降低違約事件帶來的衝擊，就算真有債券違約，占比有限，衝擊也小得多。

舉例來說，若一檔基金只持有 20 檔債券，萬一有一檔債券違約，則代表有 5% 的債券本金受到影響；但若是債券持有數量達到 200 檔，則就算其中一檔違約，也只會影響 0.5% 的本金，當然持有債券數量愈多，影響的本金比重就愈低。而以篩選標準而言，最低持有債券數量應該要超過 100 檔以上為宜。

實戰操作》靈活運用配息，以基金養基金

挑好配息基金之後，要如何利用配息基金搭配股票基金來為自己打造退休現金流呢？

我們可以借鏡蕭碧燕的投資心法以及基金達人邱威龍的實務經驗，利用基金養基金的方式靈活運用配息、拉高報酬率，提早達成退休領息目標。以下是操作步驟：

1. 計算退休時的年配息目標

因為基金配息率都是以年化配息率呈現，因此先算好退休後的年配息目標，比較方便做每月計畫。假設你希望退休後能夠月領 4 萬

元，則相當於一年領息 48 萬元（4 萬元 ×12 個月）。

2. 用年度配息目標反推每月投資金額

確認好退休時的年領息目標後，接著就是根據選擇配息基金的配息率以及準備期長短，來反推每月投資金額。

假設年領息目標是 48 萬元，而你距離退休還有 30 年，則你每年應該要增加 1 萬 6,000 元（48 萬元 /30 年）的配息。若是你投資的配息基金年化配息率 8%，則反推你今年至少要增加 20 萬元（1 萬 6,000 元 /8%）的投資本金，保守估計每月應投入至少 1 萬 7,000 元（20 萬元 /12 個月），這樣每月以近似強迫儲蓄的方式投資，只要持之以恆就能一步一步擴大基金本金，逐步實踐現金流每年成長的目標。

由上述可知，每月投資金額計算公式如下：

每月投資金額＝年度配息增加目標 / 預估年化配息率 /12 個月

3. 基金配息再投入股票型基金，加速放大資產報酬

開始投資配息基金之後，每月領到手的配息，千萬不要閒置不用，畢竟若是領到息之後，就靜置不再利用，這筆資金就無法發揮複利

表5 **若配息不再投入，將拉低整體資產年化報酬率**
——以本金50萬元、基金年化配息率8%試算

配息再投資方式	再投資標的 年化報酬率（%）	期末資產淨額 （元）	整體資產 年化報酬率（%）
不再利用	0	900,000	6.1
再投入原配息基金	8	1,079,462	8.0
股票型基金	12	1,201,949	9.2

效果，反而拖累整體資產部位的成長。

　　若以單筆 50 萬元投資於年化配息率 8% 的配息基金為例，若每年配息 4 萬元，而拿到手的配息，全數都不再運用，經過 10 年之後，你的總資產就是當初單筆投入的本金 50 萬元以及配息 40 萬元，共 90 萬元，整體資產的年化報酬率將降低至 6.1%（詳見表 5）。

　　若領息後再投入原配息基金，以 8% 的配息率經過 10 年之後，你能夠獲得的總資產將是單筆投入的本金 50 萬元，以及 57 萬 9,462 元的配息，共 107 萬 9,462 元，整體資產的年化報酬率維持 8%。

　　但若是將領到的配息投入在更高報酬率的標的，例如年化報酬率

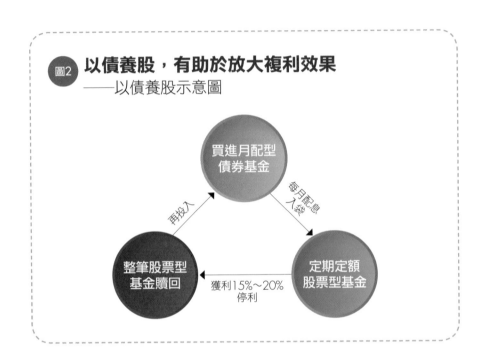

圖2　以債養股，有助於放大複利效果
——以債養股示意圖

買進月配型
債券基金

每月配息
入袋

再投入

整筆股票型
基金贖回

定期定額
股票型基金

獲利15%～20%
停利

12% 的股票型基金，則經過 10 年，總資產就可以增加到 120 萬
1,949 元，整體年化資產報酬率就可以拉高到 9.2%。

透過這樣簡單的試算，你就能了解配息再投資可有效拉抬整體資
產報酬率，因此領息後，一定要利用配息繼續養其他高報酬率的資
產，幫助你加速邁向退休之路。

實際上的再投資做法是什麼呢？許多基金達人的實戰策略，就是

買進月配息基金之後，利用每月拿到的現金，再每月定期定額買進股票型基金，設定股票型基金達到停利點（例如報酬率 15% ～ 20%）後贖回，再重新投入配息基金擴大部位放大現金流，然後配息再繼續定期定額投資股票型基金（詳見圖 2）。

利用這樣的方式操作，等於是在穩健的現金流基礎之上，利用配息來承擔更高的投資風險，是屬於穩中求勝的投資方式，不僅可以拉高資產的投資報酬率，又不需要讓整體資產承擔太大的資產波動，還可以加速擴大配息的金雞母。

圖解教學　透過免費網站篩選配息基金

STEP 1

市面上配息基金這麼多，一檔一檔篩選適合的標的並不容易，因此我們可以利用網路上提供的免費資源來篩選配息基金。以下就以鉅亨網的債券基金搜尋功能來示範。首先，進入鉅亨網的基金頁面（https://fund.cnyes.com），在上方選單中，點選❶「基金」，接著選擇❷「債券專區」，在出現的選單中選擇❸「債券基金搜尋器」。

STEP 2

接著，就會出現債券基金搜尋器的頁面，可以填入各項搜尋條件，如❶「基金管理公司」、❷「年化配息率%」、❸「計價幣別」、❹「基金組別」、❺「配息頻率」等條件。輸入完成後，再按下❻「搜尋」。

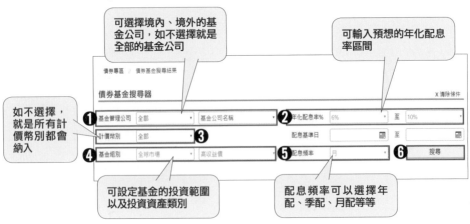

根據設定的條件，就會出現搜尋結果，你還可依照❶「績效」、❷「配息金額／年化配息率」等條件排序。記得要比較年化配息率與績效，績效高於年化配息率的配息基金較為理想。

根據您的搜尋條件共有 **37** 個結果　　　　　　　　　　　　↓ 下載搜尋結果

輸入基建字搜尋篩選結果　搜尋　僅顯示主級別　僅顯示可申購　❶　❷　1 2 3 >

基金名稱 (幣別 | 配息頻率)	淨值 (日期)	一年 績效	基準日 配息日	配息金額 年化配息率	晨星評級 申購
看亞全球高收益債券基金B-人民幣 (人民幣 | 月配)	7.2526 2019/07/01	+6.52%	2019/06/06 2019/06/10	0.0604 9.99%	★★
NN（L）·環球高收益基金Y股美元 (月配息) (美元 | 月配)	171.4800 2019/07/02	+3.37%	2019/07/01 2019/07/02	1.3200 9.16%	★
NN（L）環球高收益基金Y股對沖級別美元 (月配息) (美元 | 月配)	190.5300 2019/07/02	+5.11%	2019/07/01 2019/07/02	1.4500 9.06%	★★
NN（L）環球高收益基金X股美元 (月配息) (美元 | 月配)	76.2400 2019/07/02	+4.40%	2019/07/01 2019/07/02	0.5700 8.90%	★★
NN（L）環球高收益基金X股對沖級別美元 (月配息) (美元 | 月配)	200.6400 2019/07/02	+6.18%	2019/07/01 2019/07/02	1.4900 8.85%	★★★
聯博-全球高收益債券基金BA (穩定月配) 級別美元 (美元 | 月配)	10.8600 2019/07/02	+4.30%	2019/06/27 2019/06/28	0.0793 8.74%	★★
聯博-全球高收益債券基金AA (穩定月配) 級別美元 (美元 | 月配)	11.5300 2019/07/02	+5.31%	2019/06/27 2019/06/28	0.0834 8.65%	★★★
NN（L）環球高收益基金Y股對沖級別歐元 (月配息) (歐元 | 月配)	178.3300 2019/07/02	+1.93%	2019/07/01 2019/07/02	1.2800 8.55%	★
聯博全球高收益債券基金-TA類型 (美元) (美元 | 月配)	12.0200 2019/07/01	+5.61%	2019/06/27 2019/06/28	0.0845 8.41%	★★
NN（L）環球高收益基金X股對沖級別歐元 (月配息) (歐元 | 月配)	781.4300 2019/07/02	+3.00%	2019/07/01 2019/07/02	5.5000 8.38%	★★
法巴百利達全球高收益債券基金/月配 (美元) 避險 (美元 | 月配)	82.5600 2019/07/02	+8.40%	2019/06/19 2019/06/20	0.5400 7.87%	★★ 申購
看亞全球高收益債券基金B-澳幣 (澳幣 | 月配)	7.0476 2019/07/01	+6.38%	2019/06/06 2019/06/10	0.0437 7.50%	★

資料來源：鉅亨網

3-4 打造月領10萬投資工具》具成長性存股標的

　　退休後月領 8 萬元，已是能滿足日常生活所需的水準。但若你不以此滿足，想要過更加輕鬆愜意、更有品質的生活，例如年年出國旅遊、搭豪華遊輪四處逍遙，或是還有其他的負擔要兼顧，那麼你的退休目標勢必要訂得更高一點。在基礎生活花費之外，再多準備一筆資金，挑戰幫自己打造更高的現金流，才能在退休後玩得沒有負擔、沒有壓力，真正樂活退休。

　　想要邊玩邊退休，你不妨試著挑戰以月領 10 萬元為目標，因為這樣等於你每月多準備了 2 萬元的旅遊基金，每月都可以來趟國內小旅行，甚至以歐美國家 10 日行的旅遊團費約莫 10 萬元上下來說，也足夠你一年出國兩次。

　　只是，扣掉勞保、勞退已有的 3 萬～ 4 萬元月退休金，這相當於你需要自籌每月約 6 萬～ 7 萬元的現金流，難度又更高一點了，不

是本金要大幅拉高，就是要使用更有挑戰性、更高報酬的投資工具了。

透過存股拉高投資報酬率，穩健增加資產

想要退休每月多增 6 萬元現金流，到底該投入多少錢才能做到呢？我們利用以下條件簡單設算，讓你明白在不同的年化投資報酬率下，要分別投入多少的本金才夠：

假設你現年 30 歲，計畫在 60 歲時退休，退休後不再投資，將錢全部放在銀行領利息（以 2 年期機動利率 1.3% 計算），預計活到 80 歲，每月都要有 6 萬元的現金可用直至本金用完，則你在退休時至少要準備 1,332 萬 8,609 元（詳見表 1）。

而這 1,332 萬 8,609 元，你有 30 年的時間可以準備，若是使用投資報酬率 5% 的工具，則你每年需要投入約 20 萬元的本金；但若你可以將投資工具的報酬率拉高到 10%，則你每年只需要準備 8 萬 1,028 元，準備本金大幅減少。

若你更為保守，預估會活得更長壽，例如 90 歲，則同樣的條件下，你準備的本金就需要拉高到 1,851 萬 1,719 元。此時，若你只用

表1

投資報酬率拉高1倍，所需本金可少一半
——以60歲退休後每月現金流6萬元為例

餘命	退休前準備本金（元）	退休前每年投資金額（元）	
		年化報酬率 10%	年化報酬率 5%
20 年（活到 80 歲）	13,328,609	81,028	200,615
30 年（活到 90 歲）	18,511,719	112,537	278,628

註：退休後所有資金全數放入銀行，領取 2 年機動利率 1.3%；開始準備退休年齡為 30 歲

5% 的投資報酬率工具來準備，則你每年就需要投入 27 萬 8,628 元；但同樣地，若你能將年化投資報酬率拉高到 10%，則每年就只需要投入 11 萬 2,537 元。

　　對一般受薪階級來說，要將投資本金大幅拉高並不容易；相較之下，學習如何提升投資報酬率是具更高效率的做法。「存股」就是許多投資高手準備退休的策略，只要靠著正確的觀念、紀律的操作，資產就能穩健成長，靠著領股息退休去。

　　股票屬於高波動的投資工具，許多人會擔心這跟退休準備要求的低波動不是背道而馳嗎？事實上，股票雖是高波動的投資工具，但只要用對策略、挑對股票，你就能降低股票投資的高波動，反讓股

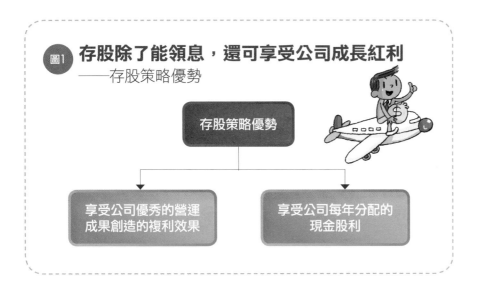

圖1 存股除了能領息，還可享受公司成長紅利
——存股策略優勢

存股策略優勢

享受公司優秀的營運成果創造的複利效果

享受公司每年分配的現金股利

票成為你退休準備的最強後盾。

　　存股，就是靠著精選具有成長性、獲利穩定的優質股票，透過長期的紀律投資，讓你享受公司每年所分配的現金股利。除此之外，存股能享受好公司優秀的經營成果，可以帶來複利成長效果，讓你的資產愈長愈大、股利愈領愈多（詳見圖1）！

　　存具有成長性的好股，複利效果有多強呢？簡單舉例，如果一家公司每年獲利都能夠成長 10%，盈餘全數再滾入投資，則只要經過 7.2 年，公司的獲利就會成長為現在的 2 倍，14.4 年之後就會是

4 倍。

換言之，若這間公司的股價一開始以本益比 10 倍計算，則假設本益比不變，股價經過 14.4 年之後，就會是現在的 4 倍，當初投入的 100 萬元就會變成 400 萬元。要怎麼透過存股打造自己的退休金呢？首先，從挑股票開始！

精挑標的》3指標篩選穩定成長好股

為退休目標所挑選的股票，一定需要具備長期投資的價值，才能抱得長久，最好可以一直陪你到退休。而這種股票通常都會具備以下特質：

1. **屬於穩定發展的產業，提供的產品和服務具備較長的生命週期，產品替代性低**：因為產品生命週期短、替代性高的產業，公司競爭激烈、營運相對波動，亦容易進入衰退期，因此並不適合長抱。相對之下，生命週期長、需求度高、替代性低的產業或產品，其公司營運就能夠維持長期穩定，而有這樣特質的產業多出現在民生需求產業。

2. **市占率高、最好具有寡占地位**：一間公司能夠長期維持著高市

圖2 **具備護城河優勢的企業，可能具備進入障礙**
　　——企業護城河優勢

品牌優勢

定價能力

企業護城河

進入障礙

占率，甚至寡占地位，代表這樣的公司具備「護城河」優勢，可能是其在產品或是技術上有難以替代的地位，具有進入障礙，對手難以匹敵（詳見圖2）。這樣的公司通常都相當具有定價能力，在成本上處於優勢，也是多數人在消費時會優先選擇、品牌忠誠度高的公司。

　　若以量化數據來挑選的話，具有成長性的好存股標的，基本上應該要符合以下的條件：

1. 近 5 年稅後淨利年增率大於 5%

一間長期穩定成長的公司，不只如 2-4 所說的每股盈餘（EPS）要為正，其獲利更應該要能持續成長。而以財務數據來看的話，這間公司在近 5 年的稅後淨利，每年都應該要能成長至少 5%，甚至更高。

某些發展成熟的公司，雖然成長動能不見得可以時時保持強勁，但是稅後淨利年增率也應該至少要在正負 5% 內波動。當然，最理想的狀況就是年年成長，不要出現負數。但觀察稅後淨利年增率時，要記得排除以下幾個狀況，避免錯失好公司：

①**一次性的業外損失**：若某年的稅後淨利下跌是來自於一次性的業外損失，並非長期性，也沒有損及公司營運動能的核心，未來營運應可重回軌道，那麼這樣的狀況就沒有太大的問題。

②**來自系統性風險的影響**：系統性風險發生的時候，是整體環境的變動，所有公司都會受到衝擊（詳見圖 3）。當這樣事件發生時，投資人可以先將公司納入觀察名單，觀察其面對系統性風險的因應能力再決定。

2. 近 5 年毛利率、營業利益率穩定或長期向上

稅後淨利成長固然重要，但若是一間公司的稅後淨利成長是靠著

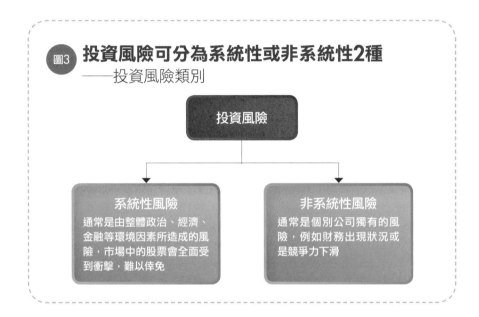

圖3 投資風險可分為系統性或非系統性2種
——投資風險類別

投資風險

系統性風險
通常是由整體政治、經濟、金融等環境因素所造成的風險，市場中的股票會全面受到衝擊，難以倖免

非系統性風險
通常是個別公司獨有的風險，例如財務出現狀況或是競爭力下滑

大幅殺價砍單來的，那麼其毛利率跟營業利益率必定出現下滑的狀況。靠著殺價搶單的競爭方式，短期雖能有效提升稅後淨利，但是砍價有極限，未來稅後淨利若想要持續成長並不容易。

因此一間公司的毛利率、營業利益率最好是能夠保持平穩，或是長期趨勢向上，代表公司的獲利能力仍維持在一定水準之上。

3. 現金股利持平或是逐年成長

存股，就是希望靠著公司配發的股利作為退休現金流，因此公司

的配息能力對於存股族來說是極為關鍵的。而且,一間公司的股利配發能力也反映賺錢能力,畢竟賺錢的公司才有可能將盈餘分享給股東。

對於存股族來說,一間公司每年配發股利是最基本的要求,但最理想的股利配發狀況莫過於,一間公司除了年年配息之外,股利還隨著公司獲利成長而逐年提高,存愈久領愈多。

至於現金股利發放率,又稱為配息率,是否愈高愈好呢?這就不一定了,因為配息率同時也反映公司的發展階段。一間公司若是仍處於成長期,其配息率一定會比進入成熟期的公司要低,因為公司需要將現金拿去購買設備,但這樣的公司配息率雖然會偏低,卻能在未來帶來更好的成長表現。因此,當一間公司正處於成長期時,只要獲利持續成長、持續發放股利,配息率偏低是可以接受的(詳見圖4)。

買進策略》定期定額建立部位,低點再加碼

選好股之後,接著就是要開始買進了。到底該怎麼買?該在什麼時候買?現在買會不會太貴?面對這些問題,投資人常常相當徬徨而下不了手,總是想要等待好價格再進場,反而錯失讓存股提早發

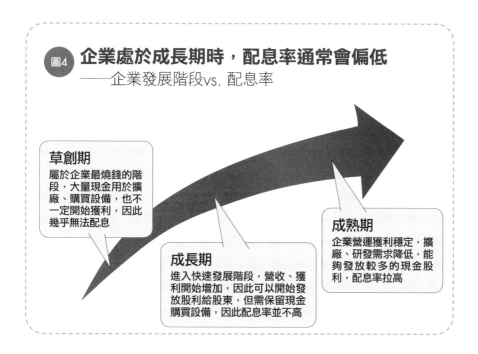

圖4 **企業處於成長期時，配息率通常會偏低**
　　——企業發展階段vs. 配息率

草創期
屬於企業最燒錢的階段，大量現金用於擴廠、購買設備，也不一定開始獲利，因此幾乎無法配息

成長期
進入快速發展階段，營收、獲利開始增加，因此可以開始發放股利給股東，但需保留現金購買設備，因此配息率並不高

成熟期
企業營運獲利穩定，擴廠、研發需求降低，能夠發放較多的現金股利，配息率拉高

揮複利效果的機會。

1. 定期定額法

要克服這樣的問題，你可以使用許多存股達人身體力行，且相當建議的入門策略，就是「定期定額法」開始存股，例如訂定每個月固定時間以固定金額進場買股。

這方式最大的特色就是不挑買點、不擇時機的持續性買股，能夠

達到平均成本、降低風險的效果。

畢竟市場瞬息萬變，要掌握高、低點談何容易，不慎買到高點恐怕未領股利就先套牢，就算想要等待股價低點，但有些好公司股價可能長期向上，總是等不到買點。倒不如利用定期定額投資的方式，長期投資就能做到高價減碼、低價加碼平均每股成本的效果，亦能訓練紀律投資的好習慣。

此外，這樣機械式的買進方式，代表無論股價高低你都會持續買進，能夠持續累積股票部位，而隨著股票部位持續擴大，股利也就能愈領愈多，累積股利再投資的效果也就會更加顯著（詳見圖 5）。

實際上，這種定期定額存優質股，能夠達到年化報酬率效果其實一點也不遜色，若以廣受投資人青睞的存股標的，例如統一超（2912）、中華電（2412）、大統益（1232），這些標的從 2012 年 1 月 1 日起開始每月投資 1 萬元，並將股利再滾入投資，則到了 2018 年 12 月 28 日為止，平均年化報酬率都可以在 7% 以上，大統益甚至可以高達 14.4%，由此可知選對好股長期投資，年化報酬率達到 10% 是可行的。

若是你能及早開始準備退休金，例如 25 歲就開始，則你只要每

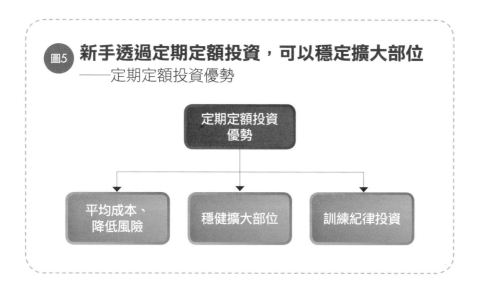

圖5 **新手透過定期定額投資，可以穩定擴大部位**
——定期定額投資優勢

```
           定期定額投資
             優勢
    ┌──────────┼──────────┐
平均成本、      穩健擴大部位     訓練紀律投資
降低風險
```

年投資近 7 萬元，就可以從 60 歲退休開始每月領 6 萬元，直至 90 歲都不用愁（詳見表 2）。

2. 加碼買進

除了定期定額買之外，你也可以把握股價便宜的時機加碼買股，要如何判斷什麼時候是進場加碼的好時機呢？最常也最簡單使用的指標就是：現金殖利率。公式如下：

現金殖利率＝現金股利／股價

由此公式可推導出「現金股利＝現金殖利率 × 股價」，也就是當

愈早開始準備退休金，每年需投入金額愈少
——以60歲退休後月領6萬元為例

開始準備退休的年紀（歲）	退休前每年投入金額（元）	
	活到 80 歲	活到 90 歲
25	49,179	68,303
30	81,028	112,537
35	135,526	188,228
40	232,713	323,208

註：退休前投資年化報酬率設定為 10%，且 60 歲退休後資金全數放入銀行，2 年機動利率 1.3%

現金股利維持不變，則現金殖利率與股價成反向關係（詳見圖6）。

簡單來說，現金殖利率就是用來衡量企業所發放的現金股利，能夠帶給投資人的報酬。當一間公司每年都能穩定配發 5 元股利，若你以 100 元買進，則你每年能夠得到的報酬率就是 5%（不計股價漲跌）。也就是說，一間公司若是營運狀態未變，若你能以愈低的價格買進，則你的報酬率就愈高。

一般來說，最常用的是「5 年平均現金股利法」，當股價為 5 年平均現金股利的 20 倍時，股價屬於合理，換算現金殖利率就是 5%。

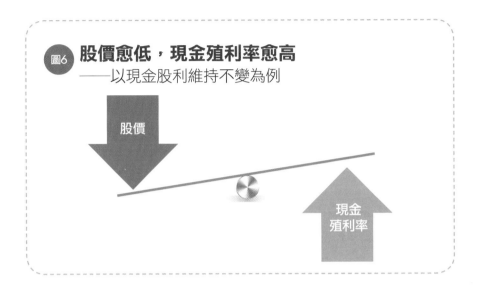

但若是公司營運正常，股價卻只有 5 年平均現金股利的 16 倍則視為便宜，也就是現金殖利率大於 6.25%，可以加碼（詳見表 3）。反之，若是 5 年平均現金股利已經在 32 倍以上，現金殖利率小於 3.125% 代表股價已經偏貴，不是加碼的選擇。網路上，亦有網站提供個股現金殖利率價格換算，詳見文末圖解教學。

建立組合》分散投資，但最多以10檔為限

要降低存股風險，你還有一點千萬不可以忘記，那就是「分散投資」。因為一檔股票縱使各項數據、質化條件看起來再優異，都不

表3 **現金殖利率＞6.25%時，可考慮進場加碼**
——從現金殖利率判斷股價高低

	便宜價	合理價	昂貴價
現金殖利率（％）	＞ 6.250	5.000	＜ 3.125

能保證未來不會發生無法預測、對公司營運產生極大衝擊的事件。

萬一像這樣的「黑天鵝事件」發生，而你的全部資金都在一檔標的上，那麼你的資產將會蒙受重擊，因此分散投資是絕對必要的，也就是説你必須要幫自己建立一個存股的投資組合。

存股組合應該要有幾檔股票呢？這個問題沒有答案，每個人應該視自己的能力和資金規模調整。畢竟存股需要用心了解公司的實際營運狀況，一個人心力有限，太多股票是顧不來的，倒不如專注在你有把握的個股上。除此之外，若是資金太少，過度分散投資，亦不利財富累積。

根據《Smart 智富》真・投資研究室歷來訪談各投資專家的經驗，以一般投資人來説，核心持股以 5 檔為理想，最多不要超過 10 檔

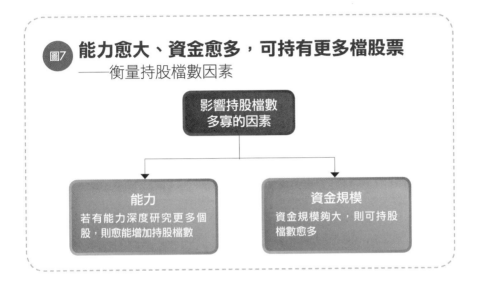

圖7 **能力愈大、資金愈多，可持有更多檔股票**
　　　── 衡量持股檔數因素

影響持股檔數
多寡的因素

能力
若有能力深度研究更多個
股，則愈能增加持股檔數

資金規模
資金規模夠大，則可持股
檔數愈多

為宜。

定時健檢》若營收、稅後淨利衰退，賣出持股

　　建立好屬於自己的存股組合後，一定要記得定時幫自己的存股組合健檢，淘汰不適任的個股。除了 2-4 提到過的公司出現「質變」狀況時，投資人一定要懂得斷、捨、離之外，當財務數據出現營運開始衰退的警訊時，無論背後原因究竟為何，投資人一定要採取行動賣出股票，因為衰退的公司已經沒有再繼續持有的價值了（詳見圖8）。

1. 營收年增率連續衰退６個月

營收是一間公司最領先的財務指標，也是唯一一項每月都會公布的財務數據，可以說營收就是觀察一間公司營運狀態最即時的指標。

若一間公司營運穩定，則營收隨需求擴大就會持續成長，因此營收年增率最好的狀態是可以持續向上成長，或是至少維持在一個區間內波動，但若是一間公司營收開始出現衰退的跡象，並且形成趨勢，就代表公司營運出現狀況了。

畢竟營收是公司獲利的根本，一間公司一定要先有營收才有可能獲利，若是營收開始下滑，獲利自然也無可避免跟著落難，最後配息當然也會因此縮水。

觀察的指標可以６個月為臨界點，當一間公司的營收年增率連續３個月下滑或是轉為負成長時就應該提高警覺，但要是連續下滑６個月都無法改善，此時就一定非賣不可了，因為代表營收惡化已經形成趨勢，勢必會衝擊獲利，影響配息。

2. 稅後淨利年增率連續２季衰退

營收下滑成趨勢就該賣股，獲利衰退更是留不得。投資股票就是希望靠著公司獲利持續成長來壯大資產和持續領股利，但是當一間

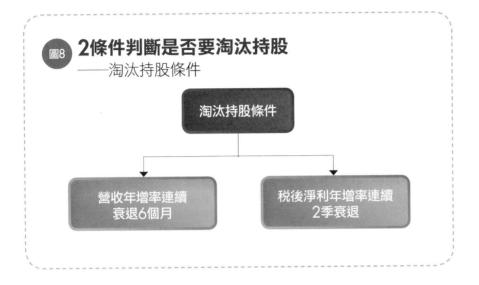

圖8 **2條件判斷是否要淘汰持股**
——淘汰持股條件

```
淘汰持股條件
```

營收年增率連續
衰退6個月

稅後淨利年增率連續
2季衰退

公司獲利開始衰退，則代表這公司沒有辦法再帶領你的投資部位成長了，更不要說安穩領股利了。

　　當然不是說一間公司的稅後淨利年增率一出現衰退，就需要馬上賣出手上持股，因為有可能是一次性的狀況，但此時就應該要提高警覺，持續關注公司的營運狀況，但若是連續第 2 季公司獲利仍衰退，就代表公司衰退已成趨勢，難以扭轉趨勢，此時就該出清持股，切勿再眷戀。

圖解教學　查詢5年平均現金股利

STEP 1

進入財報狗網站的首頁（https://statementdog.com），在❶股票搜尋欄位中輸入個股名稱或是股號，此處以統一超（2912）為例，再按下❷搜尋圖示。

STEP 2

選擇右方欄位的❶「價值評估」，接著選擇❷「平均現金股息河流圖」，點選❸「5年平均現金股息河流圖」。就可以看到目前個股的月均價位置（下圖紅線），若是低於5年平均現金股息的16倍（藍線），則代表股價處於便宜價，值得加碼。反之，要是高於5年平均現金股息的32倍（黃線），就代表股價偏貴了。

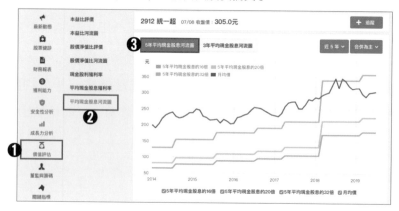

STEP 3　在畫面下方可以看到直接利用❶「5年平均現金股息的16倍」、❷「5年平均現金股息的20倍」、❸「5年平均現金股息的32倍」換算的最新股價價位。以統一超來說，當股價低❹「179.2」元時，就是值得加碼的價位。

年度/季度	201901	201902	201903	201904	201905	201906	最新
❶ 5年平均現金股息的16倍	170.24	170.24	179.2	179.2	179.2	179.2 ❹	179.2
❷ 5年平均現金股息的20倍	212.8	212.8	224.0	224.0	224.0	224.0	224.0
❸ 5年平均現金股息的32倍	340.48	340.48	358.4	358.4	358.4	358.4	358.4

詳細數據　指標解釋

圖表單位：元，數據來自公開資訊觀測站
網頁圖表歡迎轉貼引用，請註明出處為財報狗

資料來源：財報狗

國家圖書館出版品預行編目資料

人人都能學會退休月領5萬全圖解 / <<Smart智富>>真.投
資研究室著. -- 一版. -- 臺北市：Smart智富文化，
2019.07
　面；　公分
ISBN 978-986-97681-6-0(平裝)

1.個人理財 2.投資分析

563　　　　　　　　　　　　　　　108010781

Smart 智富

人人都能學會退休月領5萬 全圖解

作者	《Smart 智富》真‧投資研究室
企畫	林帝佑、陳佩儀、蔡名傑、鄭　杰
商周集團	
榮譽發行人	金惟純
執行長	王文靜
Smart 智富	
社長	朱紀中
總編輯	林正峰
資深主編	楊巧鈴
編輯	李曉怡、林易柔、邱慧真、胡定豪、施茵曼
	連宜玫、劉鈺雯
資深主任設計	張麗珍
版面構成	林美玲、廖洲文、廖彥嘉
出版	Smart 智富
地址	104 台北市中山區民生東路二段 141 號 4 樓
網站	smart.businessweekly.com.tw
客戶服務專線	（02）2510-8888
客戶服務傳真	（02）2503-5868
發行	英屬蓋曼群島商家庭傳媒股份有限公司城邦分公司
製版印刷	科樂印刷事業股份有限公司
初版一刷	2019 年 7 月
ISBN	978-986-97681-6-0

定價 249 元

WBSM0013A1

《人人都能學會退休月領5萬全圖解》

為了提供您更優質的服務，《Smart 智富》會不定期提供您最新的出版訊息、優惠通知及活動消息。請您提起筆來，馬上填寫本回函！填寫完畢後，免貼郵票，請直接寄回本公司或傳真回覆。Smart 傳真專線：（02）2500-1956

1. 您若同意 Smart 智富透過電子郵件，提供最新的活動訊息與出版品介紹，請留下
   電子郵件信箱：_____

2. 您購買本書的地點為：□超商，例：7-11、全家
   　　　　　　　　　　　□連鎖書店，例：金石堂、誠品
   　　　　　　　　　　　□網路書店，例：博客來、金石堂網路書店
   　　　　　　　　　　　□量販店，例：家樂福、大潤發、愛買
   　　　　　　　　　　　□一般書店

3. 您最常閱讀 Smart 智富哪一種出版品？
   □ Smart 智富月刊（每月 1 日出刊）　　□ Smart 叢書　　□ Smart DVD

4. 您有參加過 Smart 智富的實體活動課程嗎？　　□有參加　　□沒興趣　　□考慮中
   或對課程活動有任何建議或需要改進事宜：
   _____

5. 您希望加強對何種投資理財工具做更深入的了解？
   □現股交易　　□當沖　　□期貨　　□權證　　□選擇權　　□房地產
   □海外基金　　□國內基金　　□其他：_____

6. 對本書內容、編排或其他產品、活動，有需要改善的事項，歡迎告訴我們，如希望 Smart
   提供其他新的服務，也請讓我們知道：
   _____
   _____

您的基本資料：（請詳細填寫下列基本資料，本刊對個人資料均予保密，謝謝）

姓名：_____　　性別：□男　□女

出生年份：_____　　聯絡電話：_____

通訊地址：_____

從事產業：□軍人　□公教　□農業　□傳產業　□科技業　□服務業　□自營商　□家管

您也可以掃描右方 QR Code、回傳電子表單，提供您寶貴的意見。

想知道 Smart 智富各項課程最新消息，快加入 Smart 課程好學 Line@。

104 台北市民生東路 2 段 141 號 4 樓

行銷部 收

●請沿著虛線對摺，謝謝。

Smart 智富

書號：WBSM0013A1
書名：人人都能學會退休月領5萬全圖解